写真＝秋岡海平

30 50 51 31 32 52 53 33 35 55 56 36 37 57 58 38
20 1 21 22 2 23 25 3 26 27 5 28

四谷コーポラス
四谷警察署管内
アパート防犯協力会員

LETTERS

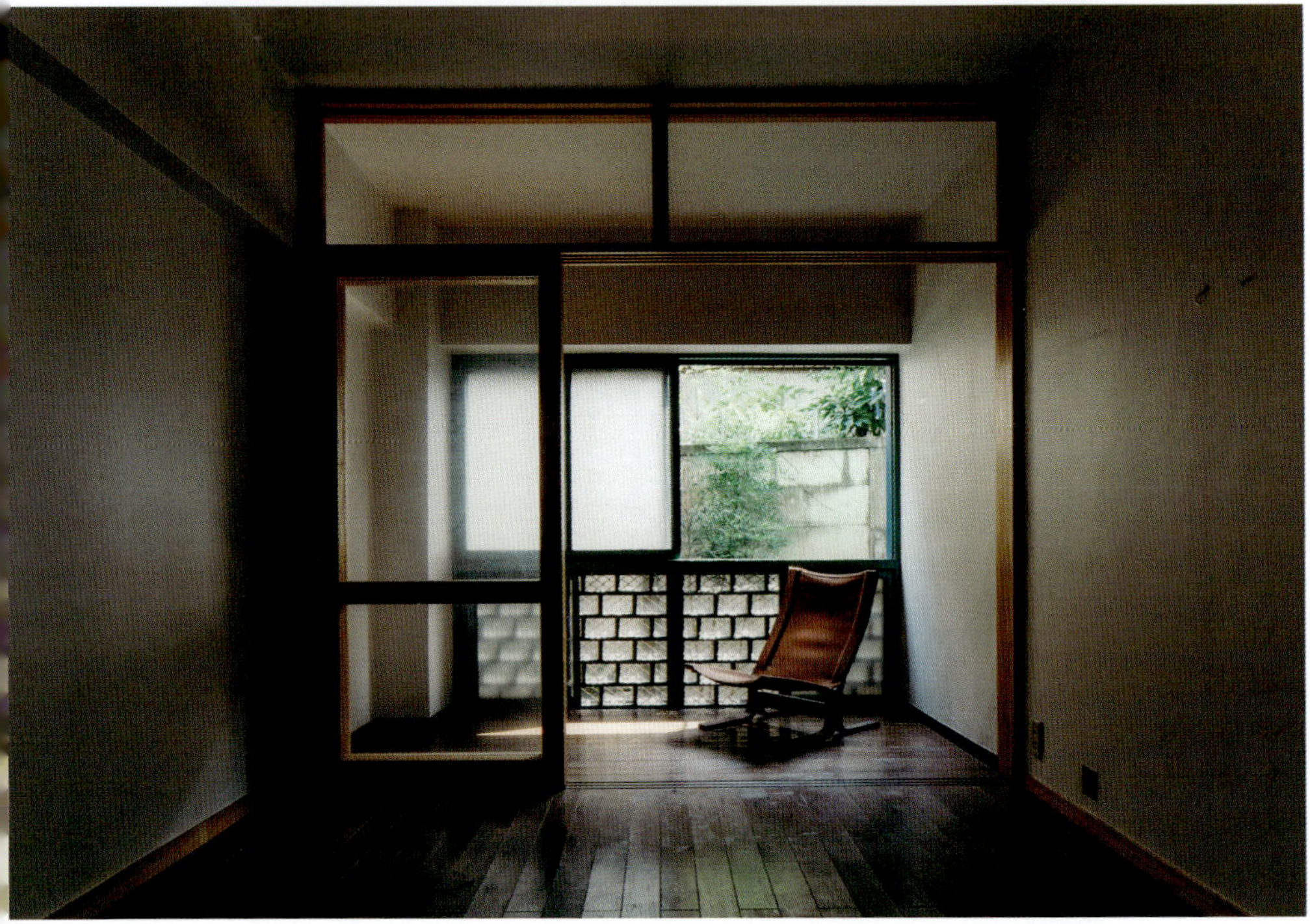

四谷コーポラス

日本初の民間分譲マンション
1956-2017

志岐祐一　松本真澄　大月敏雄　編

鹿島出版会

目次

はじめに

1章　前史と計画

2章　管理とサービス

3章　四谷コーポラスに流れた時間

4章　建替えまで

5章　再生へ

はじめに

「日本初の民間分譲マンション」四谷コーポラスの謎を解く

大月敏雄

日本の戦後の集合住宅の歴史を勉強していると、必ず出てくる集合住宅のひとつが、四谷コーポラスである。日本で最初の分譲マンションという枕詞つきで登場することが多いが、よく考えると、「最初の分譲マンション」と呼ばれる集合住宅や、それに近いものはほかにもありそうだ。

戦後の混乱期に払い下げられた戦前賃貸集合住宅がまず思い浮かぶ。例えば、東京都渋谷区に建っていた東光園アパート。賃貸アパートとして一九二九－三五（昭和四－一〇）年頃にかけて木造三階建て三棟で建設されたが、敗戦直後GHQによって一九四六（昭和二一）年時点での個人財産調査をもとに財産税が強制的に徴収された際、このアパートは国に物納されたのである。こうして名目上は、関東財務局が所有するアパートに住民が賃貸で入居することになったのだが、のちに払い下げを希望する居住者には個々に払い下げられていったため、結局は、個人所有の集合体としての集合住宅となって、平成の世まで存続していた。こうした戦後の財産税の物納によって「分譲集合住宅」となった物件は、ほかにもあった。

次に思い浮かぶのは同潤会アパート。一九二三（大正一二）年の関東大震災の復興住宅建設のため、国内外から集まった義援金をもとに、内務省社会局の外郭団体として財団法人同潤会が設立された。同潤会では、被災地である東京、横浜の都心部に、同潤会アパートと呼ばれる鉄筋コンクリート造（以下、ＲＣ造）の集合住宅団地一六カ所を建設したが、このうち東京都内所在のものについては、大塚女子アパートを除き、同潤会の財産を引き継いだ住宅営団からＧＨＱを経て東京都に引き継がれ、一九五一－五七（昭和二六－三二）年にかけて、月賦によって当時の居住者に個別に払い下げられた。こうして戦後個人所有となった同潤会アパートも、戦争による混乱期を契機に「分譲集合住宅」となった例である。

次に、宮益坂ビルディングを挙げることができよう。一九五三（昭和二八）年に、東京都住宅協会（のちの東京都住宅供給公社）によって個人向けに供給された集合住宅であった。当初、賃貸アパートとして企画されたものの、家賃を算出してみると高すぎることが判明し、誰も借り手がいないだろうということで、いっそのこと個人向けに分譲しようということになり、日本初の「公的個人向分譲集合住宅」となった。

宮益坂ビルディングが建った翌々年の一九五五（昭和三〇）年には、民間企業である第一生命住宅によって、企業社宅向けの分譲住宅、武蔵小杉アパートが建設された。これは「民間による企業向分譲集合住宅」のはしりと言ってよいだろう。

そして同じ年、国によって設立された日本住宅公団（現・UR都市機構）によって全国主要都市で集合住宅団地がいっせいに建設された。この際、賃貸集合住宅と分譲集合住宅が建設された。分譲集合住宅の第一号は一九五六（昭和三一）年の稲毛団地であった。分譲集合住宅は、「普通分譲」と呼ばれる個人が買い取るタイプのものと、「特定分譲」と呼ばれる企業が買い取り社宅として使うタイプのものの二種類が建設された。

そして稲毛団地と同じ一九五六年に建設されたのが、四谷コーポラスという「民間による個人向分譲集合住宅」だった。すなわち、本邦初の、民間企業による個人向けの分譲集合住宅である。現在でも、URや公社といった公的主体によって分譲される集合住宅も若干残るものの、社宅用として企業向けに分譲されることはほとんどなくなったので、いまでは四谷コーポラスを「日本初の民間分譲マンション」と呼んで差し支えはないだろう。

ところで、上述してきた分譲集合住宅の概史のなかでは「マンション」という名前は出てこなかったのだが、「邸宅」を意味するマンションが分譲集合住宅のネーミングに最初に付けられたのは、四谷コーポラスの後にできた信濃町亜細亜マンション（一九五九）であった。その後、マンションという言葉が次第に定着していき、一九六四（昭和三九）年の東京オリンピックや第一次マンションブーム前後に市民権を獲得していったのである。ちなみに、第一次マンションブームの基礎をつくった、マンションの所有や管理を規定する区分所有法（通称：マンション法）が制定されたのは一九六二（昭和三七）年で、それ以前のマンションは、民法上の共有物の扱いであった。

さて、四谷コーポラスは公的住宅ではなく個人向けの分譲共同住宅であったために、公的住宅と比べ、その企画・設計・建設記録が系統立てて記録されてこなかった。そのため、たまたまその建設に関わりのあった人の証言などの断片的な記事によってしか、その特徴の一端を知ることができない都市伝説的な存在であった。

いまだから言えることだが、私もつねに以下のような疑問を抱きながら、おそらく数千人の建築学科の学生たちに四谷コーポラスを「型通りに」教えてきたのである。

- なぜ、マンション第一号なのにコーポラスなのか？　それは何語なのか？
- 日本信用販売株式会社（以下、日本信販）が分譲主であるが、その会社があのカード会社の日本信販だとすると、なぜその会社が分譲マンションを建てたのだろうか？
- 誰が設計したのか？　そのモデルはあったのか？　同潤会アパートなどの戦前アパートは参考にされたのか？
- なぜメゾネット式の集合形式になっているのか？

- 分譲マンションの所有関係を規定する区分所有法の制定前にできたのに、どのような所有関係の整理がなされていたのか？
- 区分所有法に規定されている管理組合の規定がないなかで、どのように管理がなされていたのか？

こうした日本戦後集合住宅史の謎が、いよいよ本書によって解き明かされるのである。ただし、読んでいただく前にひとつ頭に入れておいていただきたいことがある。上述のように、マンションという言葉が日本で「分譲集合住宅」の意味で一般化したのは一九七〇年前後であった。その後、二〇〇〇年頃までは「マンション」といえば当然「分譲された集合住宅」を意味していた。それが、二〇〇〇年頃から、テレビニュースなどで、賃貸集合住宅でもRC造のようなものであれば、普通に「マンション」と呼ばれるようになってきた。それまでは、木造であろうがRC造であろうが、賃貸の集合住宅は一般に「アパート」と呼ばれていたのだが、マンション風に見えるアパートもマンションと呼ばれるようになった。その変化が二〇〇〇年あたりにあったのだ。

ちなみに、その「アパート」は、同潤会アパートの出現によって昭和戦前期に流行した言葉なのだが、最初「アパートメント」と呼ばれていた物件が次第に「アパート」と呼ばれるようになったのである。このように、住宅を指し示す言葉や概念は、知らないうちに変化する。そしてその変化が、いつの間にかわれわれを取り巻く「普通の世界」を構築しているのである。しかし、その「普通」もまた、われわれが気づかないうちに変化していく。分譲マンションという都市型住宅をめぐる「普通」が、どうやって構築されてきたのかをひも解くのも、本書の目的のひとつなのである。

註

このあたりの日本の集合住宅の経緯が気になる人は、拙著『集合住宅の時間』(王国社、二〇〇六)、『住まいと町とコミュニティ』(王国社、二〇一七)、『町を住みこなす――超高齢社会の居場所づくり』(岩波書店、二〇一七)、そして三浦展監修のもと、今回本書をともに編集した志岐や松本らと執筆した『奇跡の団地 阿佐ヶ谷住宅』(王国社、二〇一〇)などをご参照いただければと思う。

四谷コーポラスとコーポラスシリーズ

志岐祐一

四谷コーポラス——立地と建物概要

四谷コーポラスは、現在のJR中央線と地下鉄丸ノ内線、南北線が乗り入れる四ツ谷駅から徒歩約五分、外堀通りを一本入ったところに建てられた。建設当時、地下鉄はまだ開通していなかったが、新宿通りや外堀通りには都電が走る交通至便の場所であった。皇居半蔵門から新宿に向かって西へ尾根筋に延びる新宿通りの沿道には商店が立ち並びにぎわっていたが、その外側は北側の市ヶ谷、南側の若葉町へと下りながら料亭も点在する落ち着いた住宅地であった。

この敷地は、佐藤工業社長の三代目佐藤助九郎が一九四二(昭和一七)年に取得したものである。佐藤は一九四〇(昭和一五)年に社長を退いていたが、地元富山を代表する政財界の重鎮であった。敷地は南北に長く、間口の狭い北側で接道し、南側に向かって緩やかに登っている。さらに一段高くなった南側隣地には、近代建築の巨匠ル・コルビュジエ（一八八七−一九六五）に学んだ前川國男（一九〇五−八六）の設計事務所の自社ビルができたばかりで、周囲の木造家屋のなか、異彩を放っていた。

　建物は敷地の形状に合わせて南北に細長く、両端に階段がある。住戸は、玄関が西側にあり、東西方向に窓が開けられている。外堀を望む東面は、壁と同一面に木製のサッシと格子が嵌まるモダンで都市的な表情を見せる反面、木造住宅が立ち並ぶ西側は、廊下やバルコニーによって生活感が醸し出されていた。建物は五階建てだが、廊下は一階と四階だけで、一階の廊下には、一階のフラットと一＋二階のメゾネット、四階の廊下には、三＋四階のメゾネットと四＋五階のメゾネットの玄関が並び、二、三、五階は専用バルコニーになっていた。パンフレットに掲

販売当時のパンフレットに掲載されたパース、1階の各戸玄関への専用階段が描かれている
（日本信販パンフレットより抜粋）

載された完成予想図では一階の各戸玄関への専用階段が描かれていたが、建設時には片廊下にあらためられた。当時のパンフレットでは、メゾネットタイプはA型と呼ばれ、専有面積は二三・三坪。玄関・台所・居間および食堂のある廊下階はサブルームで七・八坪。廊下のない階はメインルームで一五・五坪。基本の構成は六帖が一室、四・五帖が二室、浴室、手洗所、バルコニーであった。フラットタイプはB型で一五・六坪。六帖が二室、広縁、台所、手洗所、浴室が基本構成であった。A型が二四戸、B型が四戸で、そのほか管理人室、ガレージがあった。

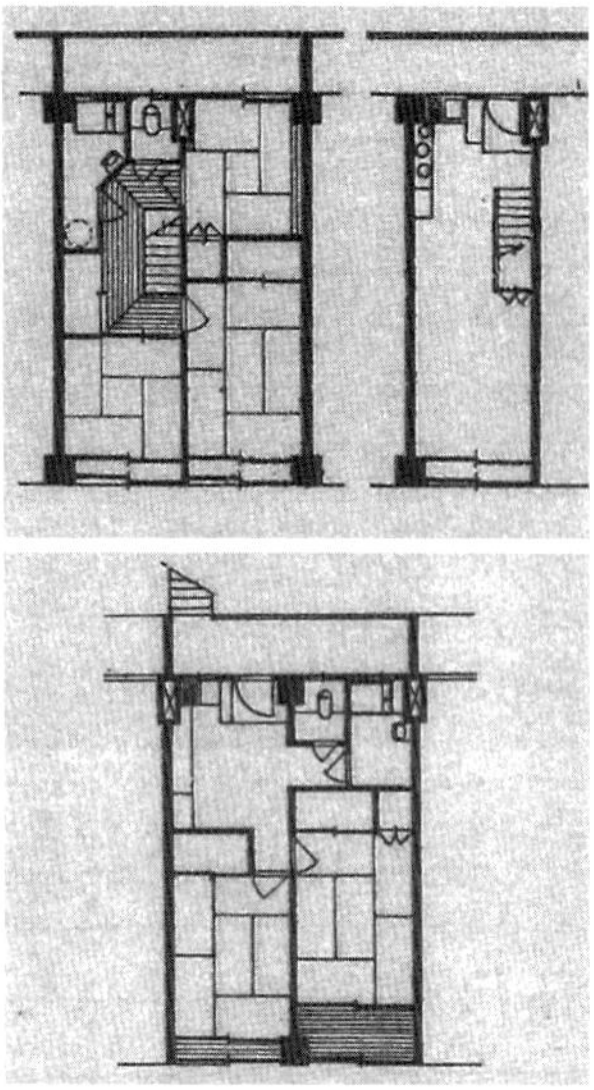
A型平面図（上）、B型平面図（下）
（信販コーポラスパンフレットより抜粋）

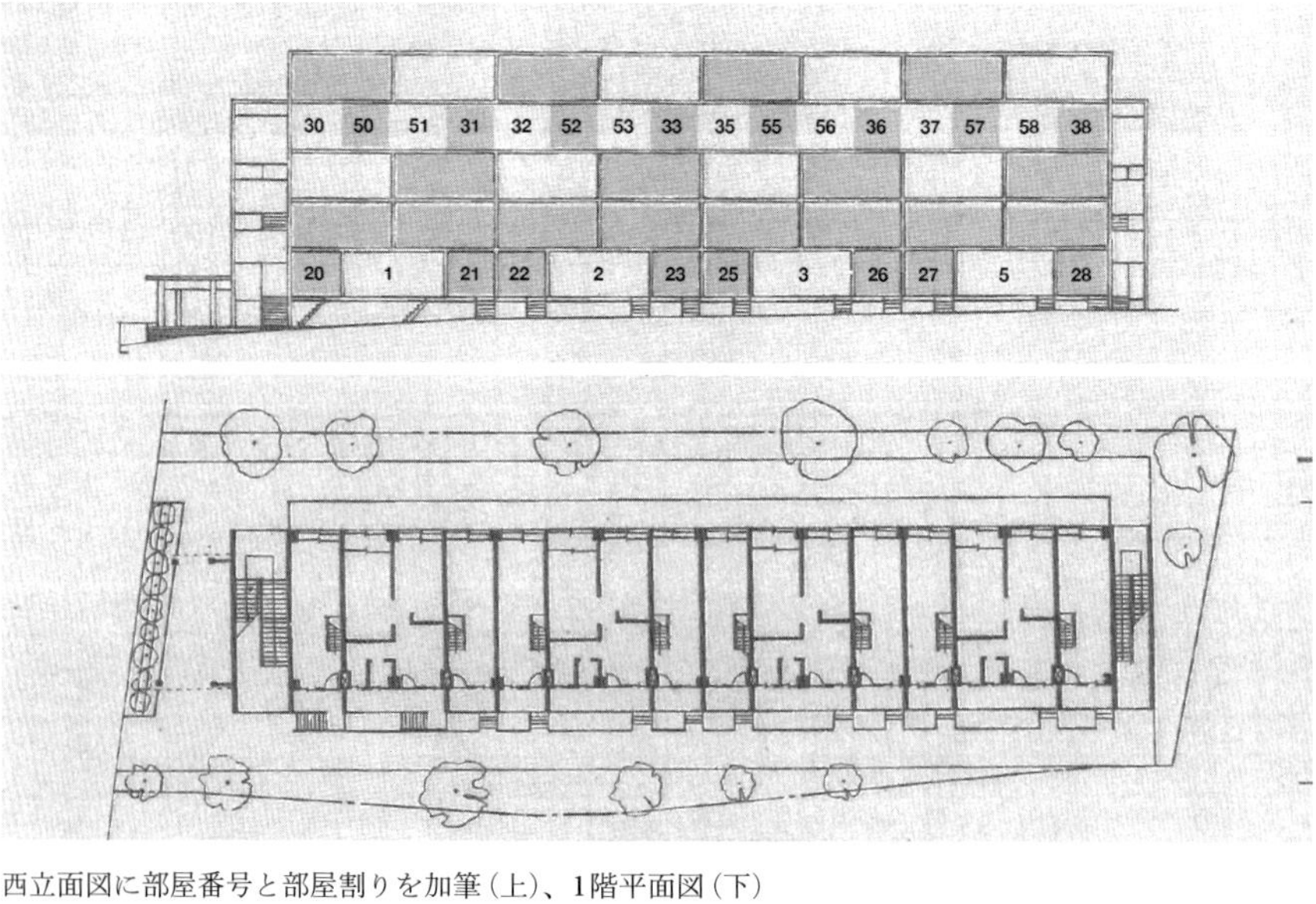

西立面図に部屋番号と部屋割りを加筆（上）、1階平面図（下）
（信販コーポラスパンフレットより）

メゾネットはどこから来たか

四谷コーポラス最大の特徴であるメゾネットのアイデアはどこから来たのであろうか。アメリカ大使館から入手した資料にくわえ、佐藤工業で設計の中心となった木村恵一は建設省時代に国内外の集合住宅の情報に接していたと思われるが、残念ながら直接の証拠となる記述や資料は見つかっていない。ここでは当時の状況を振り返りメゾネット住宅について整理しながらそのルーツを探ってみたいと思う。

メゾネット住宅とは、集合住宅の住戸形式の一種で、一住戸が二層になっているものである。共用部の通路やエレベータ停止階を減少でき、住戸もプライバシーや通風採光が確保できる。また二階建ての戸建て住宅のように上下階でリビングやダイニングと個室を分けるなど、空間に変化が付けられるメリットがある反面、特に高齢者には昇り降りが大変であったり、住戸内に階段があるのでその分の面積が無駄になり、小さい住戸だと効果が薄いといったデメリットがある。形式としては古くからあるが、現在の集合住宅に強いインパクトを与えたのは、ル・コルビュジエが設計したユニテ・ダビタシオンであろう。ユニテ・ダビタシオンは、ピロティで大地から力強く持ち上げられたマッスに、住宅だけでなく共同の洗濯場から店舗や郵便局も組み込まれ、屋上には保育園や体育館、プールまで備えた小さな都市のような建築である。その住戸は中廊下を中心に上下階のメゾネットが組み合わされたもので、個室や水回りなどの階高は押さえながらも、リビングとバルコニーを二層吹抜けとした豊かな空間になっていた。最初のユニテは一九五二年、フランスのマルセイユに竣工した。

日本でもメゾネット住宅の試みは行なわれている。四谷コーポラス以前のものとしては、ル・コルビュジエの弟子である坂倉準三（一九〇一－六九）の建設省五三年型重層式アパートがある。一住戸一二―一三坪、三層六階建ての都営亀戸アパート（一九五三年一〇月着工、一九五四年竣工）として実現した。前川國男のNHK羽沢職員住宅は一九五七（昭和三二）年竣工。RC造ラーメン構造、七階建て、四二戸。一階がピロティと管理人室などで、二階から七階がメゾネット、二、四、六階に廊下がある。実施設計図の日付は昭和三一年二月なので、四谷コーポラスとほぼ同時期である。また前川による公団晴海団地一五号棟、通称「晴海高層アパート」（一九五八）も設計の初期段階ではメゾネットが検討されたが、住戸規模が五〇平米にも満たないのでデメリットが大きいとして採用されず、すべてフラットになった。ただし、一〇階建てだがエレベータ停止階や廊下を一、三、六、九階だけにし、それ以外の階の住戸には二住戸共用の階段で上下して玄関に至る形式によって両面採光通風の快適性を得るなど、残滓を見ることができる。晴海高層アパートは、一階の住戸はなく当初はピロ

庭での生活を描いたパース　（信販コーポラスパンフレットより抜粋）

ティで計画されたことや、海が近いことを理由に採用されたプレキャストコンクリートの手摺など、ユニテの影響が指摘される。当時の担当者も「ル・コルビュジエに心酔していた」と言うから、その影響は大きかったのだろう。ユニテと同じように中廊下に上下のメゾネットを組み合わせた例として、公団の市街地住宅として建てられた万世橋アパートがある。一九六〇（昭和三五）年竣工、地上一一階、地下一階。四階から上の八層が住宅で、五、八、一一階に中廊下をとりメゾネットを組み合わせている。設計は市浦健（一九〇四－八一）の市浦建築設計事務所で、一九六〇年の世界デザイン会議でも紹介されている。公団住宅においては、広い敷地に複数棟が建ついわゆる「団地」では設計の標準化が進められていたが、市街地の権利者と共同で建てる市街地住宅は条件に合わせた設計が行なわれ、設計者が腕を振るう余地も大きかった。

このように戸数こそ少ないけれど、当時はさまざ

パンフレットに掲載された生活のイメージ（右）、
竣工当時の共用廊下（左上）、管理人室とエントランス（左下）
（日本信販パンフレットより抜粋）

まなメゾネットへの試みが行なわれていた。先に述べたようにメゾネットは一二、一三坪の公営や公団住宅のように住戸規模が小さいとその良さを生かしきれないことが多い。しかしその少し前には、戦後の住宅難、規模統制のもとで池辺陽（一九二〇－七九）の立体最小限住宅（一九五〇）や増沢恂（一九二五－九〇）の自邸（一九五二）など、小さくても豊かな空間が実現していた。公営や公団においても、いわゆるテラスハウスとよばれる長屋形式の集合住宅も存在していたことから、それらを積み上げて集合住宅にすることは、集合住宅を模索していた時代の、高層化を視野に入れた新しい流れのひとつであったであろう。中心となった設計者たちを見ても、そこにはユニテの影響があったといえそうだ。

　とはいえ、住戸の規模はいかんともしがたい。一二、一三坪の公営、公団ではできなかったメゾネットのひとつの理想形が、二三・三坪の四谷コーポラスでは実現していたのではないだろうか。

代官山コーポラス。パンフレットに掲載されたパースと図面
（信販コーポラスパンフレットより抜粋）

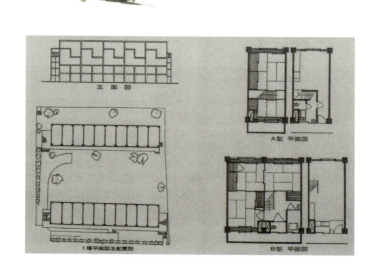

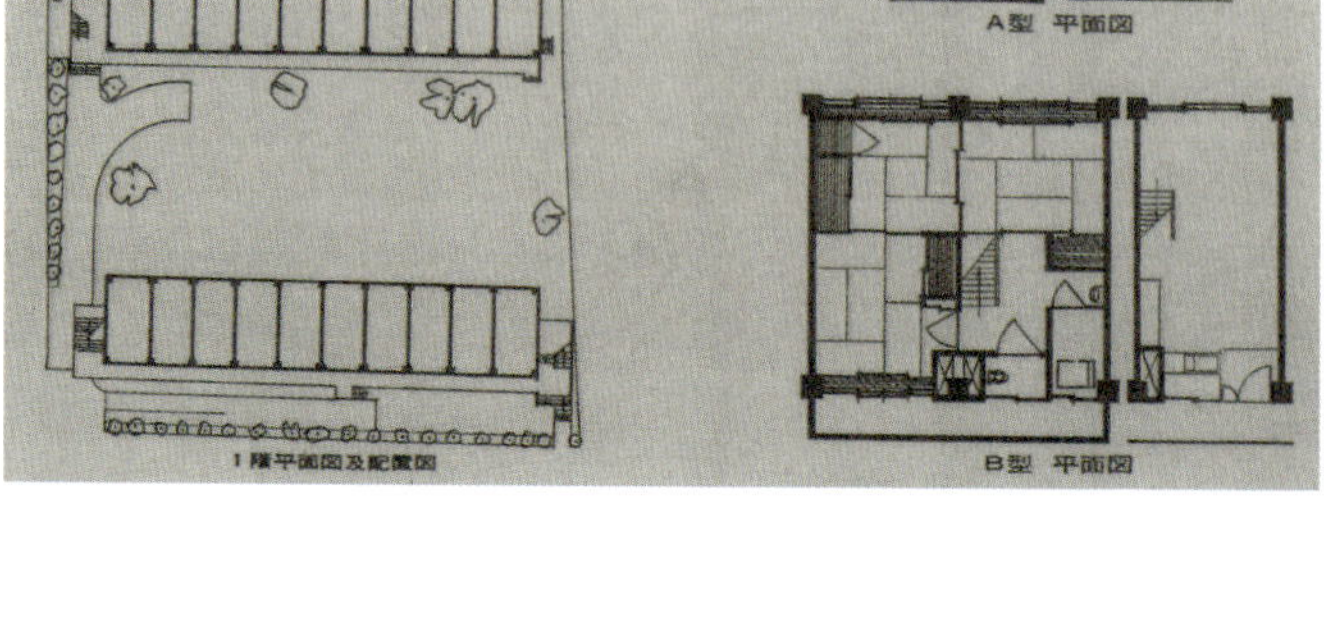

コーポラスシリーズへの展開

四谷コーポラス以降、日本信販不動産部は年に二件のペースで「コーポラス」の名を冠した集合住宅の建設販売を行なった。昭和三〇年代半ばのパンフレットではコーポラスの特徴として次の三つを挙げている。交通至便な都心にあって、しかも静かな高級住宅地である「素晴らしい環境」。新しい、合理的な設備にくわえ、古いしきたりのわずらわしさのない快適でアットホームな雰囲気もふくめた「最新の設備」。管理室による痒いところに手が届くサービスにくわえ、信販コーポラス（一九六一年に日本信販不動産部から商号変更）自身が入居者と密接なつながりをもち、よりよき相談相手となる「ゆきとどいた管理」。

建物に目を向けると、一九五九（昭和三四）年頃まで佐藤工業の設計施工のコーポラスにはメゾネット

江古田コーポラス。パンフレットに掲載されたパースと図面
（信販コーポラスパンフレットより抜粋）

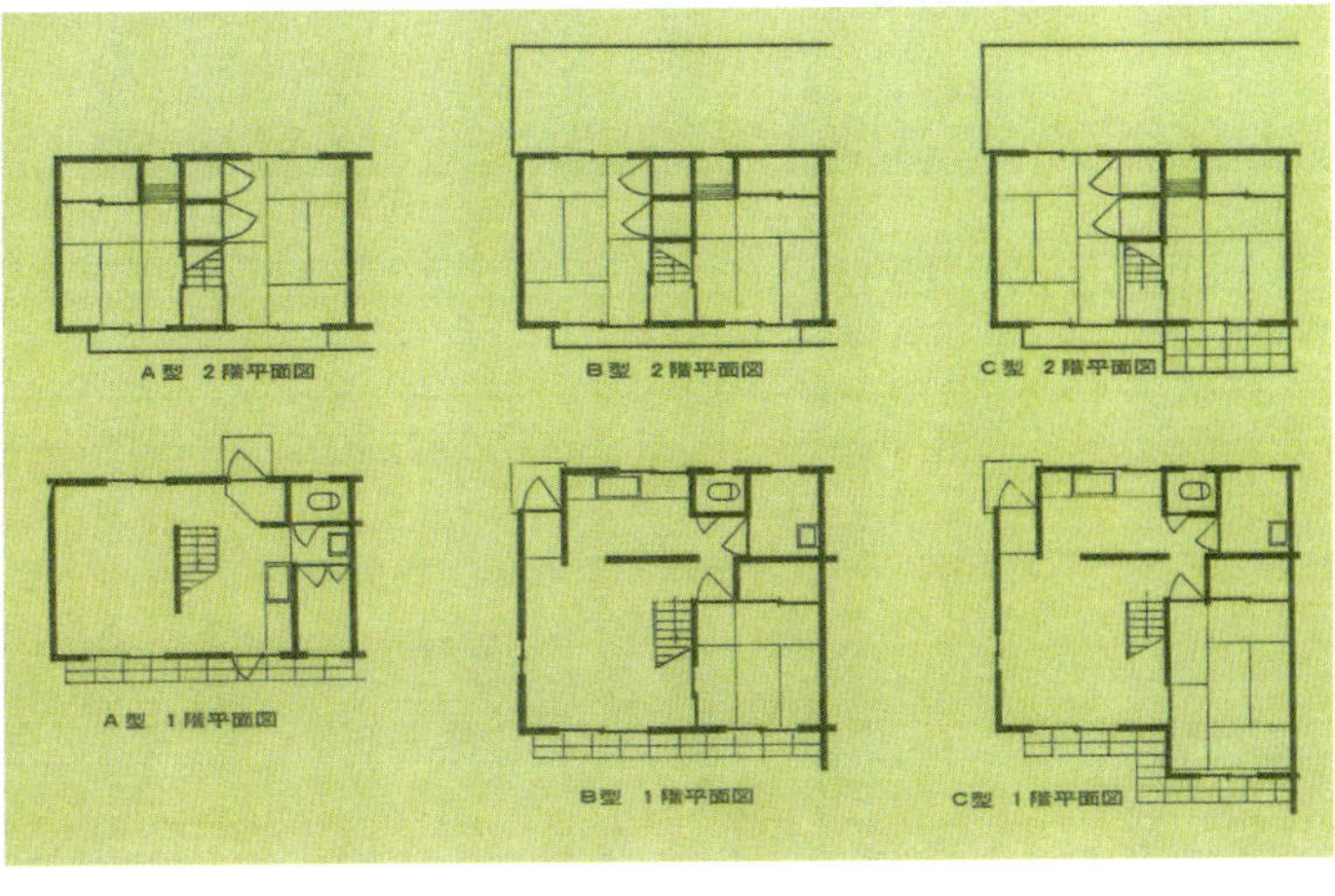

が取り入れられていた。

四谷コーポラスの次は、一九五七（昭和三二）年六月完成の代官山コーポラスである。四谷コーポラスが完成する一九五六（昭和三一）年一〇月より前の八月には新聞に完成予想図付きの広告が掲載された。五階建て二棟、四〇戸で、四谷コーポラスと同じく三、四、五階の住戸には四階の廊下からアクセスするメゾネット。他方で一、二階は上下階同じ幅の重ね合わせとして、すべての住戸がメゾネットでフラットはない。

次は一九五七（昭和三二）年一二月完成の江古田コーポラス。これは少し変わっていて、専用庭付き長屋のテラスハウス形式である。二階建て八棟、一六戸であった。

四番目は一九五八（昭和三三）年六月完成の赤坂コーポラス。五階建て一棟、三二戸。一階がフラットで、二、三階と四、五階は四谷コーポラスの一、二階と同じくフラットと上に上がるメゾネットが組み

赤坂コーポラス。パンフレットに掲載されたパースと図面
（信販コーポラスパンフレットより抜粋）

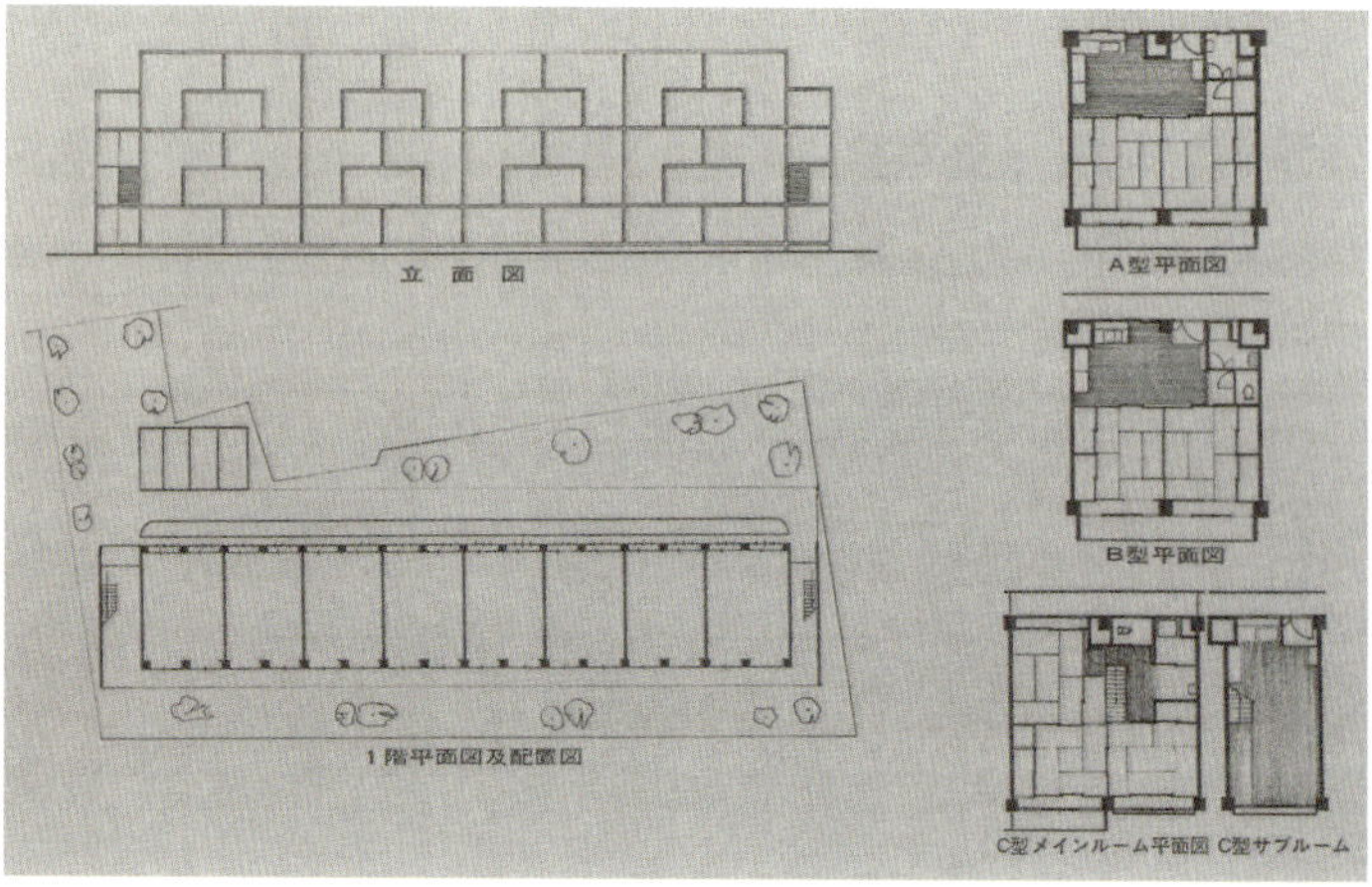

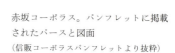

合わされていた。

一九五九（昭和三四）年八月完成の熱海温泉コーポラスは、四階建て一棟と三階建て二棟、計三二戸ですべてフラット。

一九六〇（昭和三五）年五月完成の九段コーポラスは、設計が中村登一（一九一五–六九）の中村建築研究所、施工が勝呂組と少し変則的（佐藤工業による設計施工ではない）で、建物は地上七階、地下一階の一棟、すべてフラットの三六戸。

一カ月後の一九六〇年六月完成の麻布コーポラスは再び佐藤工業の設計施工で、五階建て一棟、二六戸。一、二階と四、五階は、代官山の一、二階と同様、上下同じ幅のメゾネットで、三階はフラット。

このように初期のコーポラスではメゾネットの組み合わせのバリエーションが試みられた。

熱海コーポラス。パンフレットに掲載されたパースと図面（信販コーポラスパンフレットより抜粋）

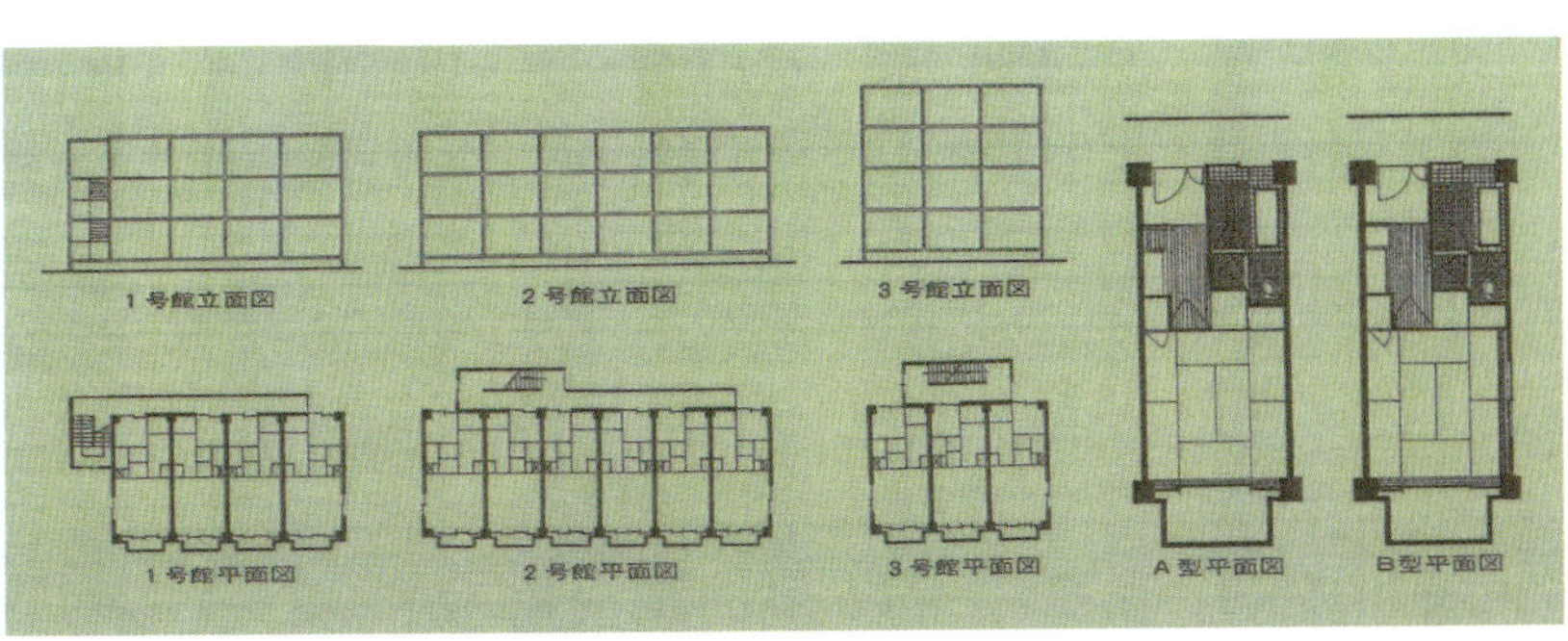

年	日本の集合住宅の歴史	日本信用販売とコーポラス事業のあゆみ
一九四五 昭和二〇	第二次世界大戦終結：四二〇万戸の住宅不足	
一九四六 昭和二一	日本国憲法公布 民間の宅地分譲開始	
一九四八 昭和二三	高輪アパート：戦後初のＲＣ造公営住宅	
一九五〇 昭和二五	住宅金融公庫法 建築基準法 立体最小限住宅（設計：池辺陽）	
一九五一 昭和二六	公営住宅法 公営住宅五一Ｃ型	六月　日本信用販売株式会社設立
一九五二 昭和二七	ユニテ・ダビタシオン（設計：ル・コルビュジエ） 増沢洵自邸	
一九五三 昭和二八	宮益坂ビルディング：東京都による個人向け分譲集合住宅	
一九五四 昭和二九	都営亀戸アパート（設計：坂倉準三）	
一九五五 昭和三〇	日本住宅公団設立 武蔵小杉アパート：第一生命住宅による企業社宅向け分譲住宅 代官山東急アパート	七月　東急不動産分譲地月賦取り扱開始 一一月　日本信用販売株式会社に不動産部を新設
一九五六 昭和三一	稲毛団地：日本住宅公団による分譲集合住宅の第一号	一月　四谷コーポラス建設分譲開始（一〇月完成） 四月　株式会社日本信用販売不動産部設立：日本信販より不動産部が分離独立 八月　代官山コーポラス建設分譲開始

九段コーポラス。パンフレットに掲載されたパースと図面
（信販コーポラスパンフレットより抜粋）

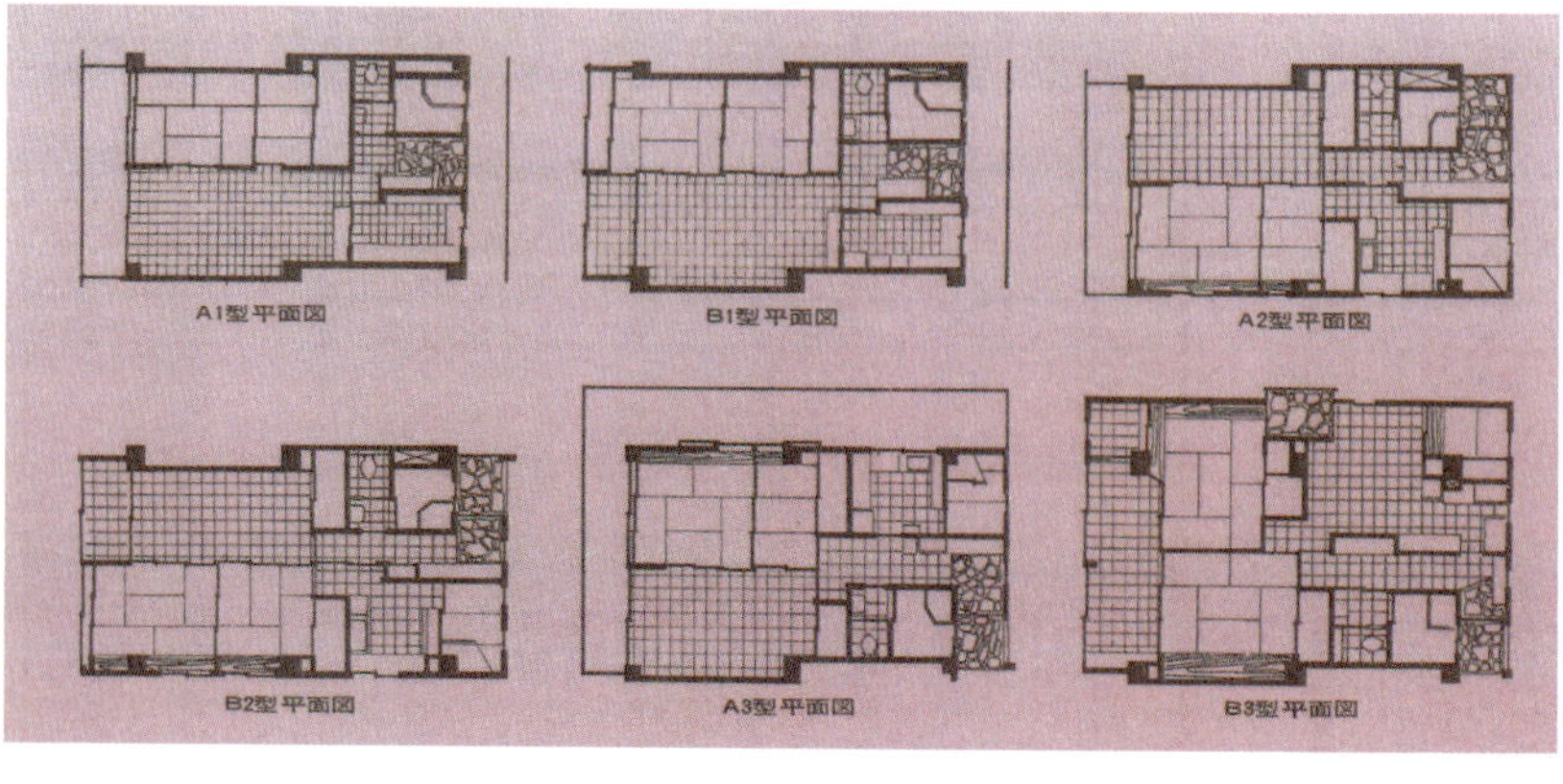

年	年号	出来事	月	出来事
一九五七	昭和三二	ＮＨＫ羽沢職員住宅（設計：前川國男）	五月	江古田コーポラス建設分譲開始
			九月	赤坂コーポラス建設分譲開始
一九五八	昭和三三	晴海高層アパート（設計：前川國男）	一一月	熱海温泉コーポラス建設分譲開始
一九五九	昭和三四	信濃町亜細亜マンション：「マンション」と名付けられた日本初の集合住宅	六月	九段コーポラス建設分譲開始
			一一月	麻布コーポラス建設分譲開始
一九六〇	昭和三五	万世橋アパート（設計：市浦健）	八月	大森マンション建設分譲開始
			一一月	代々木コーポラス建設分譲開始
一九六一	昭和三六		一月	信販コーポラス株式会社に商号変更
			一〇月	セントラルコーポラス建設分譲開始
一九六二	昭和三七	区分所有法制定	一〇月	目黒コーポラス建設分譲開始
一九六四	昭和三九	東京オリンピック	六月	ニュー赤坂コーポラス建設分譲開始
一九六七	昭和四二		五月	渋谷コーポラス建設分譲開始
一九六八	昭和四三		四月	日本開発株式会社に商号変更
			四月	芝白金コーポラス建設分譲開始
一九六九	昭和四四		五月	大宮住宅地造成分譲開始
一九七〇	昭和四五	日本万国博覧会	一月	神宮前コーポラス建設分譲開始
一九七一	昭和四六		三月	上大岡コーポラス建設分譲開始

麻布コーポラス。パンフレットに掲載されたパースと図面
（信販コーポラスパンフレットより抜粋）

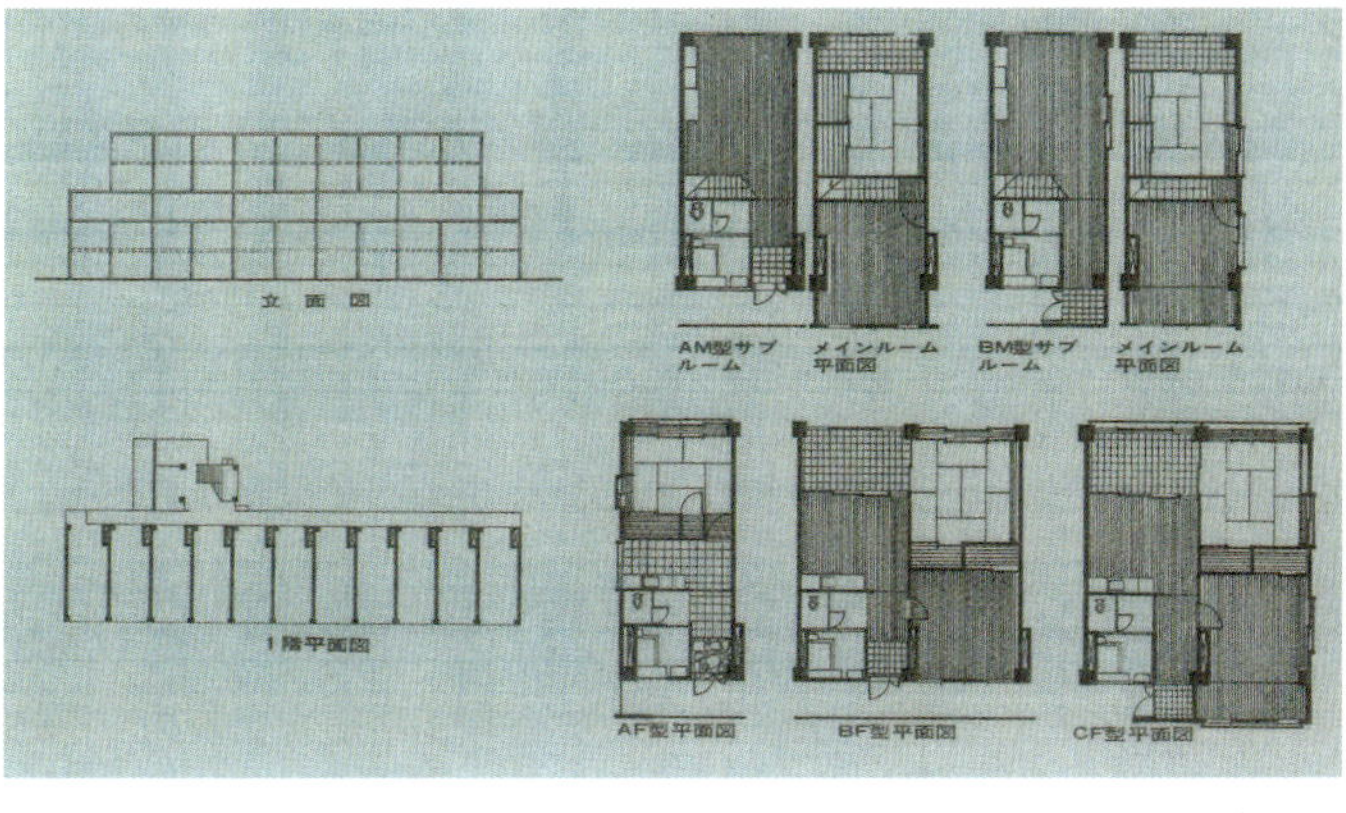

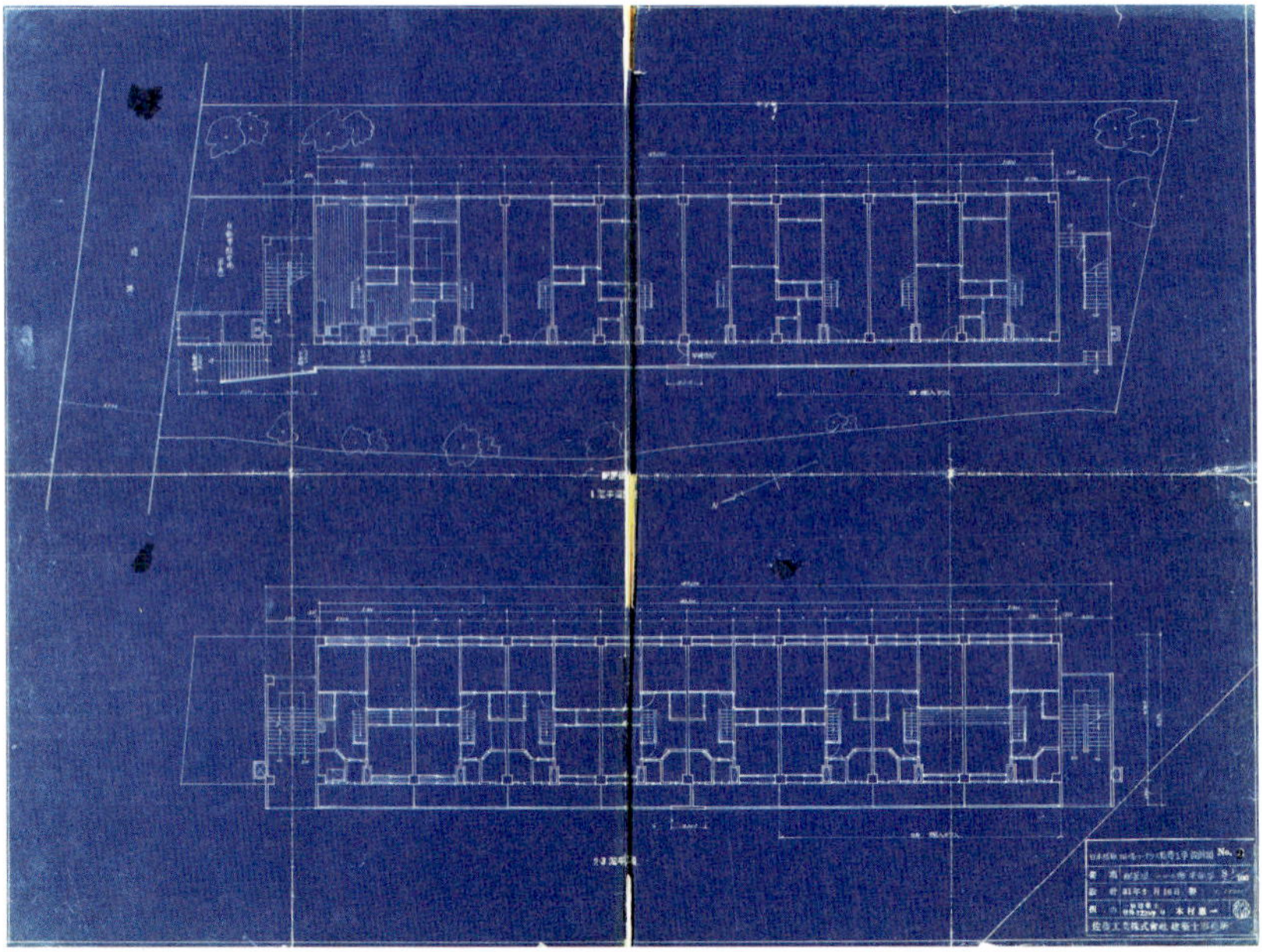

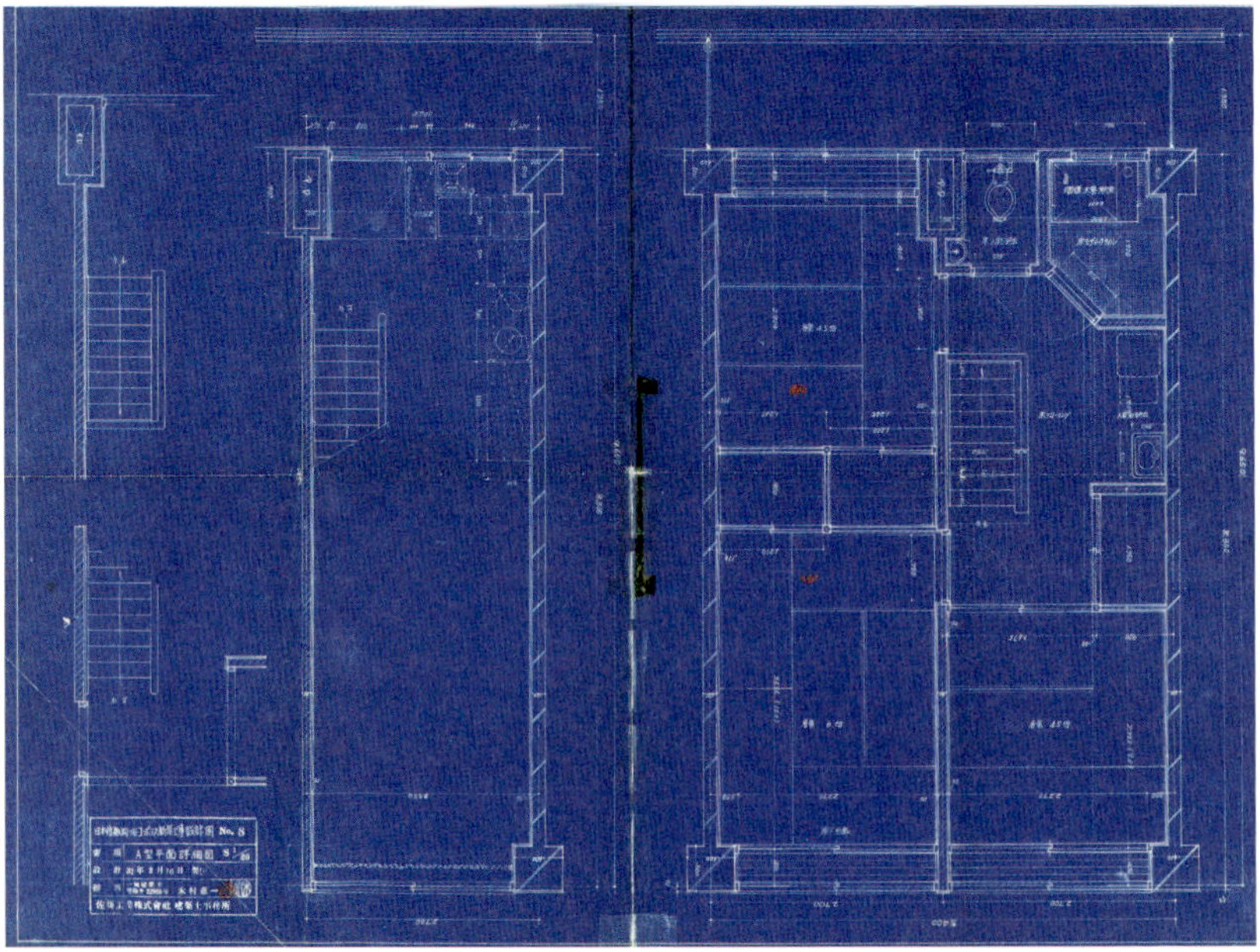

佐藤工業作成の青焼き図面。平面図と住戸基本設計図

管理組合規約

第一章 総　則

第　一　条　本組合は　　　　　管理組合と称し、事務所を　　　　　内に置く。

第　二　条　本組合は　　　　　の共同管理をなすことを目的とし、組合員は和協善隣の精神を以て其の運営に協力する。

第　三　条　　　　　の一区劃を所有する者は全員本組合に加入しなければならない。

第　四　条　本組合は本件住宅の共同利害の問題及び其の共用部分（　　　　）の利用管理一切を処理するものとする。

第二章 組合員の義務

第　五　条　本組合員は組合加入と同時は同組合との間に管理契約を締結する義務を負うものとする。

第　六　条　新に組合員の資格を取得したとき、又は組合員の資格を失いたるときは、直ちに組合に届け出なければならない。若しこれを怠るときは届出に至るまでの間、組合員としての義務を負うものとする。組合員が其の所有する部分に第三者を居住させる場合には、予め組合に届出なければならない。

第　七　条　組合員は管理契約に定める諸費用を負担しなければならない。前項管理契約の変更又は施行方法は組合総会又は理事会の議決によつて定めるものとする。

第三章 役員及職員

第　八　条　本組合に役員として理事三名以内監事一名を置き毎年四月の定時総会の際、組合員中よりこれを選出し其の任期は壱年とする。但し、再選を妨げない。
前項の場合の選挙権は一戸当り一票とする。

第　九　条　理事は理事長一名、常任理事二名（内一名は会計担当）を互選するものとする。理事長は、本組合を代表して組合事務を総理し、常任理事は、理事長を補佐し、理事長事故あるときは其の職務を代行する。

第　十　条　監事は組合の事務を監督し、必要により理事長に説明を求める事が出来る。

第十一条　監事は理事会に出席して組合事務運営に関し意見を述べることができる。

第十二条　役員が一身上の都合により辞任するときは、理事会の承認を得なければならない。理事会は総員の三分の二以上の決議により理事を解任しうる。

第十三条　理事長は、理事会の承認を受け顧問又は相談役を委嘱することができる。顧問又は相談役は理事長の諮問に応ずるものとする。

第十四条　理事長は組合員の総議決権数の半数以上に相当する組合員が出席し、その議決権の三分の二以上を有する者の同意を得て管理事務の運営を第三者に委託することができる。

第十五条　理事長は理事会の承認を受け組合職員を採用又は解雇することが出来る。組合職員は理事長の命を受け事務を分掌するものとする。

第十六条　組合役員は原則として無報酬とする。

第四章 会　議

第十七条　組合員総会を定期総会と臨時総会とに分ち、定期総会は毎年四月に開き臨時総会は必要に応じ随時これを開く。

第十八条　理事長は組合員総会を招集し其の議長となる。総会を招集するには開会の日の五日前に、所定の場所に議案日時、場所を掲示するを要する。

第十九条　理事長は四月に開く定期総会に於て前年度事務の状況及び決算の報告をするものとする。

第二十条　総会の決議は組合員の総議決権数の半数以上に相当する組合員が出席し、その出席組合員の議決権の過半数を以て決する。

第二十一条　組合員は別に定める委任状により其の有する議決権を他の組合員に委任することができる。

第二十二条　組合員が総議決権の三分の一以上に相当する議決権を有する組合員の同意を以て、総会の招集を請求したときは、理事長は一週間以内にこれを招集するものとする。

第二十三条　理事長は理事会を招集し、其の議長となる。

第二十四条　理事会の議決は二分の一以上の出席者の過半数を以て、これを決し可否同数の場合は議長の決する所による。

第二十五条　理事会は毎月一回定例に之を開き諸般の協議をなすものとする。

第五章 会　計

第二十六条　本組合の会計年度は毎年四月一日に始まり翌年三月末日に終る。

第二十七条　理事長は会計年度末日現在の貸借対照表、収支明細表及び財産目録を作成し監事の承認を受けて之を総会に提出する。

第二十八条　理事長は収支の明細を附した年度予算書を作成し定期総会に於て其の承認を求めるものとする。

第六章 雑　則

第二十九条　組合員は管理契約に定める費用を毎月所定日までに組合事務所に納付しなければならない。

第三十条　組合員が前条に定める費用を納付しないとき又は納付が著しく遅延したときは、理事長は理事会の議決に基き施設の使用を拒否することができる。

第三十一条　本組合規約の改正は組合員の総議決権数の半数以上に相当する組合員が出席し、その議決権の三分の二以上を有する者の同意を得ることを要する。

昭和　　年　　月　　日

四谷コーポラスの管理組合規約。日本初の管理組合規約と考えられる

四谷コーポラス販売概要(「四ツ谷・コーポラス分譲要綱」より抜粋)

建設地　東京都新宿区四ツ谷本塩町10番地(国電四ツ谷駅徒歩5分)
敷地面積　307坪
建坪　174.12坪(延建坪690.72坪)
構造　耐火、耐震、鉄筋コンクリート造5階建
住宅数と規模
　A型——24戸:1戸約25坪(共用部分を含む)・専有面積23.3坪
　　メイン・ルーム　日本間:6帖・4帖半・4帖半(各室縁側付)
　　サブ・ルーム　洋間:長8帖(居間及食堂)
　B型——4戸　1戸約17坪(共用部分を含む)・専有面積15.6坪
　　日本間:6帖(広縁側付)・6帖(縁側付)
　　洋間:4.5帖(居間食堂及台所)
価格
　A型——233万円
　B型——156万円　賦金はいずれも年利1割2分の元利均等償)
管理費
　A型——1,631円(月額)
　B型——1,092円(月額)
土地賃貸借料
　A型——466円(月額)
　B型——312円(月額)
設計施工:佐藤工業株式会社
竣工予定期日:昭和31年8月

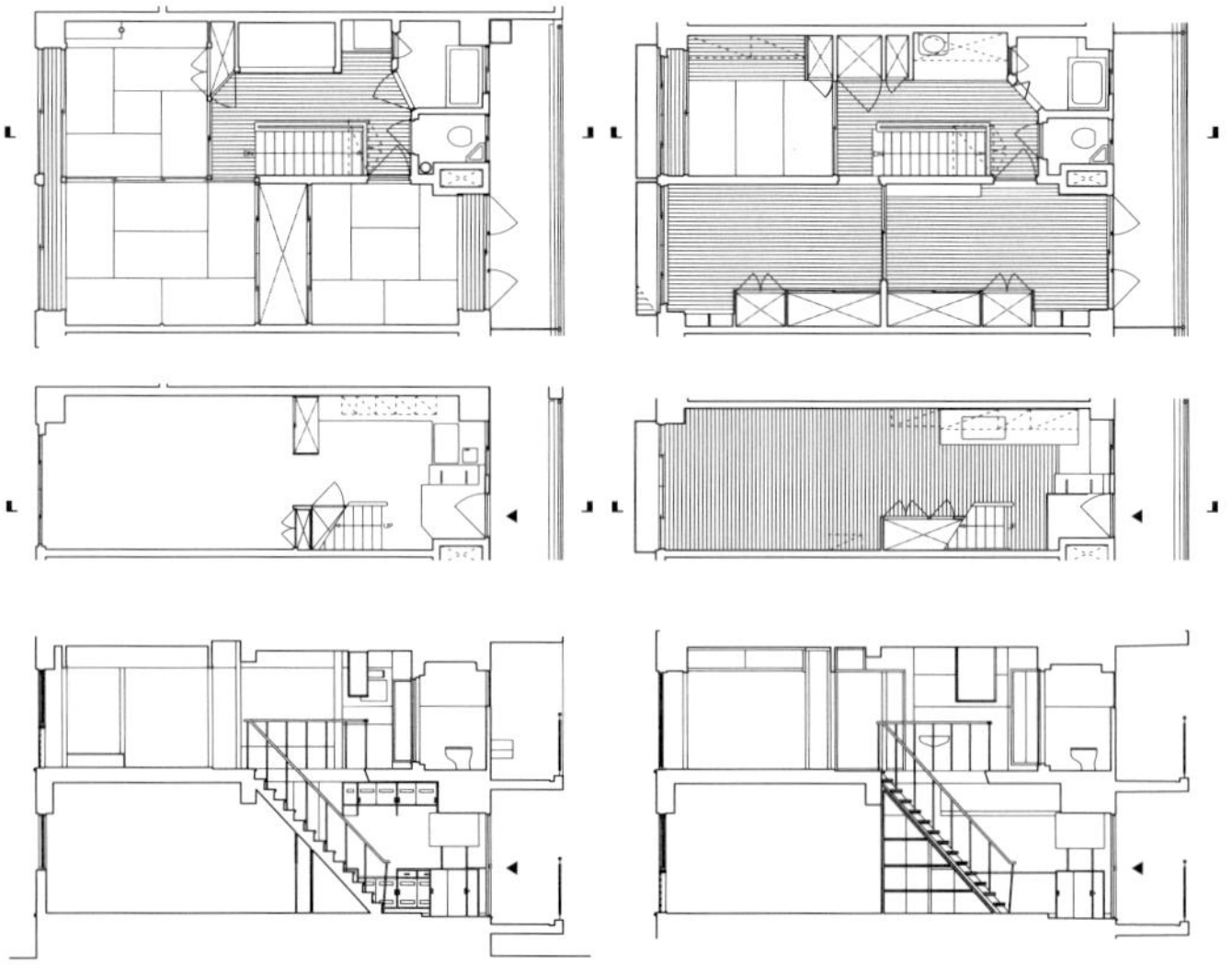

28号室(左)と52号室(右)の実測図(縮尺=1/250)
作成=植竹悠歩

1章

前史と計画

集合住宅の登場と二つの系譜

志岐祐一

大正・昭和初期の高級集合住宅

団地にマンション、アパート、コーポとさまざまな呼び名があるけれど、いろいろな人が集まって住む建物は集合住宅である。日本には木造の長屋が古くからあったが、ＲＣ造などの近代的な集合住宅が知られるようになるのは関東大震災（一九二三）の復興期にあたる大正末期から昭和初期にかけてである。それ以前にも、丸の内の煉瓦造のオフィス街の一角や、世界文化遺産になった長崎県の洋上に浮かぶ軍艦島の社宅、東京や横浜の市営住宅などのわずかな例はあったが、復興のシンボルとして東京や横浜の各地に建てられた同潤会アパートは、当時の人々に新しい住まいの姿を印象づけた。同潤会アパートは地震や火事に強いＲＣ

造で、ガスや電気、水道、水洗便所、ダストシュート等を完備。洗濯は屋上の共同洗濯場、お風呂は共同浴場か近隣の銭湯を利用するなど、近代的な設備と共同化のメリットを生かした設計になっていた。しかし、公的な復興住宅だったため、家族向けの住戸でも基本は六畳と四・五畳の二間に、台所、便所がついた一〇坪ほどの小さな住宅だった。

同じ頃、同潤会や市営住宅とは別に、生活改善運動の動きを受けて西洋の文化的生活を取り入れ、ゆとりのある規模の集合住宅の建設も行なわれた。代表的なものとしては御茶ノ水文化アパートメント（一九二五）がある。北海道大学教授で文化生活の研究や啓蒙を行なっていた森本厚吉（一八七七―一九五〇）が設立した文化普及会が建設。設計はアメリカ人建築家のウィリアム・メレル・ヴォーリズ（一八八〇―一九六四）。ベッドや椅子・テーブルによる洋式の暮らしで、電話、ガス設備、暖炉、共用部には社交室やカフェもあった。掃除や洗濯のサービスもついてホテルのような住まいだった。戦争の影が忍び寄る一九三四（昭和九）年に同潤会が建設した江戸川アパートは、八畳や六畳からなる三間の大型住戸にスチーム暖房やエレベーター、食堂に浴室、理髪店などを備え東洋一のアパートといわれた。同潤会最後のアパートとなったこの集合住宅も、高級路線の理想を形にした集合住宅のひとつといえよう。

御茶ノ水文化アパートメント
引用出典＝『ヴォーリズ建築の100年
――恵みの居場所をつくる』（創元社、2008）

戦後復興と公的集合住宅の大量供給

戦争による中断を経て、戦後四二〇万戸の住宅不足を解消すべく集合住宅の建設が再開する。しかし材料もお金もない。最初は越冬住宅と呼ばれるバラックのような木造ばかり。いつまでもそういうわけにはいかないと、国土交通省の前身、戦災復興院総裁の阿部美樹志（一八八三－一九六五）の肝煎りで、一九四八（昭和二三）年にRC造の高輪アパートが建設された。戦前米国で学び、鉄筋コンクリートで博士号を取った阿部の名はGHQでも知られていて、建設に必要な鉄筋やセメント、砂利などが確保できたという。限られた材料で多くの住宅をつくるため、それまでの柱梁によるラーメン構造ではなく壁式構造を採用したのも阿部の考えによる。広い空間を必要とする事務所や工場などと比べ、住宅は小さな部屋をつくるため壁が多い。公営住宅のような小規模な住戸では、ラーメン構造の柱梁の形が部屋の中に出ると使い勝手が悪い。壁式だと柱梁は出ず、窓は必要な部分だけ壁に穴を開ければいいので住宅に適しているわけだ。以降、各地でRC造の公的な集合住宅の建設が始まるが、相変わらず条件は厳しい。標準で一戸あたりの面積は一二坪。限られた予算と材料で小さくても機能的な住宅をいかにしてつくるか。官学民で熱心な研究が行なわれた。

昭和二〇年代後半になると、GHQによる傾斜生産方式から鉄鋼、石炭が増産され、優秀な人材を集めたい大企業の社宅としてRC造の集合住宅がつくられる。一九五五（昭和三〇）年には日本住宅公団が設立され、大都市圏の勤労者にむけて集合住宅の団地を建設する。当時の公団住宅の代表的な間取りは、若い夫婦と子どもの住まいを想定した2DK。公団住宅は公営より一坪広い一三坪を標準とし、機能的なダイニングキッチンに浴室を備えた新しい暮らしは、やっかみと羨望が混じって「団地族」と呼ばれた。

戦後の住宅不足解消に、国は持ち家政策を進めた。まずは一九五〇（昭和二五）年に住宅金融公庫をつくり、長期・固定金利の住宅ローンを供給して個人で家を建ててもらうことにした。当然、土地のない人もいるので宅地の販売が盛んになる。一方、経済的困窮者には公営住宅法（一九五一）を整備し賃貸の公営住宅を提供。高度経済成長により地方から大都市圏に流れ込む勤労者には、日本住宅公団を設立して、自治体の枠を超えて集合住宅の建設を進めた。この住宅金融公庫、公営住宅、日本住宅公団を「戦後住宅政策の三本柱」というが、公営、公団住宅として国を挙げてつくられた集合住宅の一住戸はわずか一二、一三坪しかなく、その限られた面積のなかで機能的な新しい暮らしの器を求め、学者や建築家が参加してプランニングやディテールが検討され、プレス加工による廉価なステンレス流し台などの機器開発を通してメーカーの育成も行なわれた。その流れに社宅や民間の賃貸住宅も合流し、日本の集合住宅のスタンダードがつくられていった。そんな集合住宅を見慣れた目からすると、四谷コーポラスはずいぶんと異質なものだった。

民間から生まれた四谷コーポラス

四谷コーポラスの生みの親は、日本信販と佐藤工業である。日本信販は一九五一(昭和二六)年に設立され、一九五五(昭和三〇)年七月には東急不動産の分譲地の割賦販売を始めるが、常務の吉田清貫が「いつまでも他所様の不動産をお手伝いするだけではつまらない。日本信販で何か考えようじゃないか」と言ったことから分譲事業を始めることになり、同年二月には不動産部を新設した。しかし宅地は手に負えないので、目を付けたのが集合住宅の分譲であり、それを割賦販売する仕組みだった。一方、設計と施工を行なった佐藤工業は一九三一(昭和六)年設立の土木専門ゼネコンであった。当時は第四黒部ダム、通称「クロヨン」の建設まっただなかだったが、これからは建築も手掛けたいと会長や社長が渡米するなど、欧米の建設技術に強い関心を寄せていた。四谷コーポラスの話をきっかけに建設省の営繕局長だった木村恵一(一九〇二-八六)を常務に迎え建築の設計部を設けた。

ところで、メゾネットをはじめとする四谷コーポラス独特の設計のアイデアはどこから来たのだろうか？　今回ヒアリングをした元・日本信販社員の藤原實氏の答えは意外なところにあった。当初、社内で企画を考えたが、分譲の集合住宅は宮益坂ビルディングなど公的な物しかなく当然賃貸の公営住宅も参考にならない。そこでアメリカ大使館に出向き、米国の中層の集合住宅について尋ねたところ、いろいろと資料を取り寄せてもらい、親切に教えてもらったとのこと。この過程で知った「コーポラティブハウス」から「コーポラス」という名前も生まれた。またアメリカ大使館と言えば、アントニン・レーモンド（一八八八―一九七六）の設計による職員の住宅「ペリーハウス」「ハリスハウス」が数年前に竣工したばかりで、のちに日本住宅公団で阿佐ヶ谷住宅などを手掛ける津端修一（一九二五―二〇一五）も新しい集合住宅として注目していた。一方、設計の中心となった木村恵一は建設省時代に公務員住宅を手掛けていた。当時の官僚は家に持ち帰って仕事をするという理由で、公務員住宅では玄関脇に二、三畳の書斎が付くなど、公営や公団とは違った設計が行なわれていたし、建設省では諸外国の情報も取り入れていたようだ。木村氏自身、佐藤工業に移籍する直前の一九五四（昭和二九）年に国際防火会議に出席するため欧州を訪れている。『建設月報』に掲載された外遊記には、ルアン、パリ、ローマ、フィレンツェの伝統的な街の住まいについての記述しか見当たらないが、すでにル・コルビュジエのユニテ・ダビタシオン（一九五二）は発表されており、どこかでそれらの情報を得ていたのではないだろうか。

よく言われることだが、一九五五（昭和三〇）年前後は新しいものをつくりだそうという気概にあふれた時代であった。集合住宅も小規模の住宅を熱心に研究した公営や公団住宅が続々とつくられる一方で、住まいの理想を追求した民間の集合住宅も登場する。四谷コーポラスは、まさにその先駆けであったのだ。

日本初、民間分譲マンションの誕生

藤原實（元・日本信用販売）　聞き手＝大月敏雄＋松本真澄＋志岐祐一

集合住宅の個人向け分譲

志岐祐一　集合住宅を個人向けに月賦販売する日本初の試みとして、「コーポラス方式」と呼ばれる仕組みがどのようにできあがっていったのか、お話をうかがいたいと思います。

藤原實　四谷コーポラスは日本における最初の個人向け分譲マンションです。どのようにしてそれができたかというところからお話ししていきましょう。

まず、分譲主体となったのは日本信販という月賦販売を行なう会社です。当時、不動産関係ではすでに東急不動産の柏と相模原の分譲地を会員様に月賦販売していました。私は一九五五（昭和三〇）年に新入社員として日本信販に入り、企画部の不動産部門に配属されました。企画部は金融部門と不動産部門に分かれていました。金融部門は、日本信販前社長で元・衆議院議員議長の星島二郎さんの息子である星島東一さんを日銀から引っ張ってきて、指揮に当たらせていました。不動産部門は東京大学医学部を卒業して日本信販常務になった吉田清貫さんが率いていました。吉田さんが「いつまでも他所様の不動産をお手伝いするだけではつまらない、日本信販で何か考えようじゃないか」と言い出したのがことの始まりでした。

当時の不動産部門は課長と平社員が私を含めて二人で、合計三人で始めました。事業として、宅地は大変だから集合住宅はどうかといろいろ調査しましたが、東京都の「宮益坂ビルディング」があるくらいで、ほとんど参考になる前例がありませんでした。すると吉田常務から「アメリカは進んでいるはずだからアメリカ大使館へ行って聞いてくるように」と言われました。

大月敏雄　国内の建築の専門家に話を聞こうといった考えはありませんでしたか。

藤原　それはまったくなかったですね。とにかく日本で初めてのことをやるんだという意識はありました。東京都の宮益坂ビルディングはあまり参考にはならなかったですね。

大月　なぜ参考にならなかったのでしょうか。

藤原　やはり、民間ではないことが大きかったですね。それでアメリカ大使館の商務部に行って「中層の鉄筋コンクリートの集合住宅を建てたいので、参考になるものを教えてくれないか」と聞いたところ、アメリカのコーポラティブハウスを紹介されたのです。建物を所

宮益坂ビルディング
提供＝旭化成不動産レジデンス

有したい人が集まって、それぞれお金を出しあってつくるものだと説明を受けたのを覚えています。それを社に持ち帰って、「コーポラティブハウス」でどうですかと社内報告をしました。役員会でいろいろ検討されたようですが、結局言いやすいということで「コーポラス」になったということです。

大月　現在、アメリカではコーポラティブハウスとコンドミニアムの二種類の集合住宅があります。コンドミニアムは日本の区分所有法に非常に似たタイプで、コーポラティブハウスは理事会をつくって入居者を選定するなど、だいぶ違いがあります。アメリカ大使館がコンドミニアムではなくコーポラティブハウスを紹介されたのはなぜなのでしょうか。

藤原　それはわからないですね。当時は占領下の名残もありましたし、日本で初めてという意気込みが伝わったからか、アメリカ大使館は非常に親切になんでも教えてくれたことは覚えています。

藤原實氏

区分所有法以前に分譲を開始

藤原　当時、集合住宅を扱っていた不動産会社としては第一生命住宅と東急不動産がありました。第一生命住宅は法人向けの一棟売りで、東急不動産は当時「代官山東急アパートメント」（一九五五）という外国人向けの集合住宅をつくっていました。しかし、この二社ともに分譲に出てこられなかったのは、区分所有の法的な問題があったからです。一九六二（昭和三七）年に区分所有法が制定されますが、そこではじめて専有部分と共用部分の区分けが明文化されて、分譲マンションが世の中にどっと出はじめます。しかしわれわれは、その時すでに数ヵ所コーポラスを進めていたわけです。では法的にどうしたのかというと、日本信販の売買契約書を即法律としたわけですね。契約書に条件を列記して、所有する皆様方のご了解を得て、分譲したということです。最初の分譲は、婦人運動家・政治家の奥むめお（一八九五―一九九七）さんをはじめ、イギリスのフラットなど、海外生活の経験をお持ちの大学教授、国会議員、銀行理事など、社会的地位の高い方が多く驚いた次第でした。

志岐　最初の販売はどのように始めたのでしょう。購入希望者をどのように集めたのですか。

藤原　宣伝という意味では、三大紙（読売新聞、朝日新聞、毎日新聞）の社会面に突き出し広告を出しました。すると連日問い合わせが盛況でたいへん驚きました。一〇年の月賦扱いで金利がなんと年一二パーセント、建物は一五・六坪と二三・三坪。これを坪一〇万円の一五六万と二三三万で販売を開始して、あっという間に売り切れたわけです。

それから二年に一棟のペースでコーポラスをつくっていきました。東急不動産と第一生命住宅とは非常に親しく情報交換をしていましたし、区分所有法の制定後は中銀マンシオンや秀和なども出てきました。秀和は外壁をスタッコで仕上げて自社の特色を出したり、それぞれどこも良い成績だっただろうと思います。

右より、志岐祐一氏、松本真澄氏、大月敏雄氏

松本真澄　現在では建物の建設を始めてから広告を出すのが一般的ですが、まだ工事を始めていない状態で、この土地に建設予定であるという内容で新聞広告を出されたのですか。

藤原　そういうことです。土地だけのご案内でした。次の代官山コーポラス、赤坂コーポラスまでは土地だけでのご案内でした。

志岐　その時に完成予想パースや図面などは公開していましたか。

藤原　来社された方には当然お見せしますけれども、新聞広告にはわずかばかりのパースを出した程度でした。詳しいことは出せなかったんです。

大月　四谷コーポラスの建設地はどのように決まったのですか。

藤原　最初のことはわからないですが、想像するに都内を回ってこれが適地だ、ということではまったくなかったのではないかと思います。

佐藤工業による設計施工

藤原　建設会社の佐藤工業は日本信販の大株主でしたので、最初に吉田常務から佐藤工業に話を聞いてくるように言われて、日本橋の本社で総務課長にお目にかかりました。設計部門を紹介してほしいとお願いしましたら、「うちは土木専門で建築の設計部はございません」と言われて、大丈夫かなと思ったのを覚えています。それからしばらく経って、木村恵一さんという建設省の立派な方を佐藤工業の常務に迎え入れたということで、木村さんに四谷コーポラスの設計をしていただきました。

志岐　アメリカのコーポラティブハウスを参考にしたという話がありました。コーポラティブは居住したい人が組合をつくり、資金を出しあって建物をつくっていくものですが、四谷コーポラスの場合は最初から分譲することになった。アメリカの情報からは集合住宅の形だけを取り入れたという理解でよろしいでしょうか。

藤原　そうですね。たしかにコーポラティブハウスをご紹介いただきましたが、なにもそのままやる必要はなくて、それを参考に個人分譲で、主体は日本信販でやろうというのが会社の方針でした。先ほども申しましたとおり、宣伝は新聞のみでした。したがって経費たるや非常に少なかったのですが、それでも坪一〇万で売るわけですから利益はきちんと出ました。

志岐　どのように現在の形になっていったかという、木村恵一さんとの間の設計のプロセスについてはいかがでしょうか。

藤原　形については全部お任せです。日本信販の意向は反映されていません。

志岐　日本信販側から何らかの条件は提示されなかったのですか。

藤原　会社の役員でイギリスのフラットに詳しい者がいて、その話は伝えていたと思いますが、こちらからどういう形にしてくれというようなことはなかったと思います。

志岐　メゾネットにすることや各住戸の面積もお任せだったのですか。

藤原　そうです。メゾネットは完全に木村さんのアイデアでした。一部の戸境壁がブロックだったので、モルタルが乾くと隙間ができて隣の光が漏れるんですよ。そして台所のダクトは上で吸い込んでいましたから、下で何の料理をしているかがわかるんですね。これは奥様方には不評でした。

志岐　まだ昭和三〇年代の初めだと、住宅用の換気扇は製品化されていない時代で、普通の住宅だと窓を開けてそのままという家が多かったと思います。四谷コーポラスには換気扇は付いていたんですか。

藤原　いえ、付いていなかったと思います。その後は、屋上の大きな換気扇から引っ張るような設備を入れましたが、四谷コーポラスの頃はまだなかったはずです。ダクトはあっても、機械式の換気扇はまだなかったということです。

大月　一九五五(昭和三〇)年はちょうど七月に日本住宅公団が発足して、中堅所得者向けに団地をつくることが盛り上がりはじめた時代です。住宅公団は賃貸だけではなく、一部を企業向けに分譲したり、個人分譲も始めていました。当時の公団に対する意識はありましたか。

藤原　どうでしょう。あまりなかったと思いますね。

区分所有法と管理組合

大月　四谷コーポラスで経験されたことが、かなり一九六二（昭和三七）年制定の区分所有法に生かされているのではないかと思います。具体的に建設省や法務省からのヒアリングなどはありましたか。

藤原　そうですね、区分所有法制定前にございました。昔の所有部分というのは、壁の中心を通る線で分割していました。そうすると、壁には給排水のパイプなどが入っていますから、何かの問題で故障して改修しようとした時に、隣の合意がないと修理できないわけです。区分所有法制定時には、いわゆる専有部分と共用部分を明確に分けようじゃないか、そういう問題がありました。日本信販の売買契約書では、目に見えるところが専有部分だということにして購入者に納得いただいておりました。

大月　現在の区分所有法にも専有部分と共用部分という記載がありますが、四谷コーポラスの計画段階ではすでにそうした文言は使われていましたか。

藤原　使っていたと思います。そうでないと言いようがないですものね。そういうところは区分所有法に引き継がれていったと思います。

大月　全国に五〇〇－六〇〇万戸あるともいわれているマンションで、現在使われている「専有部分」と「共用部分」という名称が四谷コーポラスから始まったとすると、それはたいへん重要な発見になりますね〔編注：当時の管理契約書を確認すると「専用部分」と「共用部分」という書き方がされていた〕。

松本　管理組合のようなものは当初からあったのですか。

藤原　最初から管理組合と呼んでいたかどうかは定かではありませんが、所有者たちの集まりはありました。最初は司会から何から全部私がやっていましたが、住民は国会議員や企業の重役の方々ばかりですから、逆にいい勉強をさせていただきました。

松本　四谷コーポラスの竣工が一九五六（昭和三一）年一〇月、その前に土地取得され、広告を打ち、入居者が決まり、一方で設計と工事が進んで行くなかで、どの段階で管理組合をつくったのでしょうか。

藤原　それはもう、できあがってみなさんが入居した後ですね。日本信販の創立記念日とか、そうした記念日にかこつけて当初は入居者に集まっていただいていました。コーポラス杯という入居者対象のゴルフ会を開催したこともありましたね。

集まっていただいて話をしていくと当然いろいろな不平不満が出てまいりますので、それを聞いて直せるものは直していこうというところから、管理組合の設立につながっていきました。

志岐　実際に生活を始めてみるといろいろなことが起こるので、集まる機会をつくって話を聞いていくなかで徐々に管理組合になっていったということでしょうか。

藤原　そうですね。浴室の壁が落ちたこともありましたから、その時は管理組合に徹底的に叱られましたよ。佐藤工業と一緒に謝りにいって、すぐ直したということもありました。

大月　例えばどういう不平不満がありましたか。

藤原　音の問題をはじめ、入居者同士のトラブルが多かったですね。間接音ならまだいいのですが、直接音だとダイレクトに響きますから。コーポラスシリーズの三棟目あたりで天井高を上げて床を敷くよ

第四回コーポラス杯ゴルフ大会

三月十五日「筑波ゴルフコース」で

冊子「コーポラス」に掲載されたゴルフ大会の記事
引用出典＝「コーポラス」（1963年5月）

うにしたらだいぶ少なくなりました。

大月　そうした経験は次のコーポラスにフィードバックしていったのですか。

藤原　そうですね。自分のところのコーポラス事業だけでなく、各マンション会社からいろいろ教えてほしいと頼まれたので、日本のためと思ってどんどん経験を伝えていきました。

大月　例えばどこが聞きに来ていましたか。

藤原　一番は東急不動産です。経営者同士の仲が非常によかったものですから、われわれも東急不動産とはよく情報交換をしていました。

大月　今だと管理組合で管理費や修繕積立金を徴収するようになっています。四谷コーポラスでは管理組合を組織することが最初に念頭になかったとすると、メンテナンスに関わる費用は取るつもりはなかったのでしょうか。

藤原　いえ、そんなことはありません。植栽も毎年伸びていきますから、共用部の修理が必要になった場合に備えて管理費としていただいていました。

大月　なるほど。最初から管理費という名目で集めておられたわけですね。管理費の使い方については住民から何か意見が出たことはありましたか。

藤原　四谷コーポラスの居住者からは管理費に関するクレームは上がったことがないです。普通はお金を出すことにはものすごく抵抗があるはずですが、パッと出してくれました。

四谷コーポラス以後のコーポラス事業

志岐　四谷コーポラスの内装については、入居者の希望に沿ったかたちで一部設計がされていると聞きましたが、そのあたりは実際どのように進めていたのでしょうか。

藤原　詳細はよく覚えていませんが、間取りはそれぞれの住居で変えていましたね。

志岐　販売時には床だけ決めて、あとは注文住宅のように購入者の話を聞きながら並行して設計をして、工事を進めたということでしょうか。

藤原　そうだったと思います。赤坂コーポラスまではそのやり方でした。

志岐　四谷コーポラス以降も設計はずっと佐藤工業ですか。

藤原　そうだと思います。途中から建築家の中村登一さんも設計に関わるようになりましたが、少なくとも施工はずっと佐藤工業です。

志岐　なるほど。すると佐藤工業にコーポラスのノウハウは蓄積されていったわけですね。

他方で、四谷コーポラスが完成すると、実際に居住を始めた住民から不満や要望が出てくると思いますが、それを日本信販から設計条件として佐藤工業に提案するようなことはあったのでしょうか。

藤原　ええ、それはありましたね。

志岐　そうすると、四谷コーポラス以降は住民の意見を佐藤工業と共有しつつ、その都度改善しながら設計を進めていったということですね。

藤原　そうですね。佐藤工業の設計部とはかなり討論しました。例えばガスの臭いが問題になったことがありました。東京ガスを呼んでいくら調べても原因がわからなかったのですが、アメリカ帰りの建設省の方に調べてもらったところ、隣からではなくその先から天井裏を伝ってガス漏れしていたことがわかりました。集合住宅というのはいろいろ難しいものだと痛感いたしました。

それからメゾネットは良いと言う人と悪いと言う人がいて、なかなか難しいなとは思いました。ですから、ある時期からフラットでやる方針に決めたように記憶しています。

大月　メゾネットの評判の良い面と悪い面はそれぞれどのようなものでしたか。

藤原　お客さんが来た際の客間として扱いやすいことが良い面。階段の昇り降りがたいへんなところが悪い面です。しかし、メゾネットは最近では難しいですね。

大月　高齢化社会には適さないですね（笑）。

藤原　そうした経験はすべて佐藤工業とも共有していましたから、だんだんと改善されていったとは思います。なんといっても四谷コーポラスは最初の民間マンションですので、のちの日本のために役に立ったかなと思っています。

藤原實　ふじわら・みのる
一九三二年生まれ。一九五五年、日本信用販売株式会社入社。企画部不動産部門に配属され、四谷コーポラスの企画に関わる。一九六八年に独立し不動産コンサル会社を設立。現在、グローバルマネジメント株式会社取締役会長。

◉日本信販と佐藤工業

日本信用販売株式会社は、一九五一年に創業。四谷コーポラスを手掛ける前は、東急不動産の柏と相模原の分譲地の月賦販売を行なっていた。一九六六年に日本信販株式会社に改称。一九六一年に三和銀行とJCB（日本クレジットビューロー）を設立した。創業者の山田光成（一九〇七―八七）は愛知出身で、信販制度、いわゆるローン販売を定着させた人物であり、城山三郎『風雲に乗る』（光文社、一九七七）のモデルとして知られている。

四谷コーポラスの分譲に合わせて、日本信用販売株式会社は一九五五年一一月に不動産部門を新設、一九五六年四月には株式会社日本信用販売不動産部として分離独立した。一九六一年一月には信販コーポラス株式会社に改称。その後、郊外の戸建分譲地やリゾート開発も手掛けるようになり一九六八年四月には日本開発株式会社と社名を変更したが、一九七三年八月一日に会社更生法の適用を申請した。前年から始まった金融引締めによる資金不足や過剰投資、別荘地開発の規制が原因であった。

四谷コーポラスの施工を担った佐藤工業は、一八六二年に富山で創業。越中四大河川の庄川、神通川、常願寺川、黒部川の治水工事を一手に施工するなど、土木工事に強い建設会社である。本願寺富山別院の再建（一八九九）や富山市庁舎（一九二〇）も手掛けた。一九三一年に株式会社に改編するとともに東京に進出した。佐藤工業は日本信用販売株式会社の大株主であり、四谷コーポラスの土地は三代目社長が引退後の一九四二年に購入したものである。

（志岐祐一）

◉公務員住宅・公営住宅・公団住宅

公務員住宅は、一九四九年制定の国設宿舎に関する法律に従って建設されたもので、当時は建設省でも管理局営繕部の担当であり、住宅局住宅建設課が担当する公営住宅とは規模やプランに相違がみられる。四谷コーポラスの設計の中心となった木村恵一は、一九四九年六月から一九五〇年八月までの間、関東地方建設局営繕部長として公務員住宅建設に取り組み、一九五五年まで在籍していた。

公務員住宅は、戦後初めて建設されたRC造の公営住宅、高輪アパート(一九四七年着手、一九四八年八月竣工)の一戸当たり一二坪、四階建て、一棟当たり三階段室、二四戸の基本方針に従いながらも、公務員の平均的家族構成から一戸当りを一三坪、三室に拡充し、そのうち一室を子どもの勉強部屋・応接兼書斎の板の間とした。低所得者向けの公営住宅が戸数を求めて一戸当たり一二坪に抑えて計画され、51C型を生み出したのに比べ、公務員住宅の52型では一四坪で計画され、浴室も付き、板の間は「居間」になり、台所との間につくり付けの食台(ダイニングテーブル)が用意された。この設計を行なっていた本城和彦は、のちに日本住宅公団の初代設計課長となり、一三坪のなかで浴室を付けるために食堂と台所を一体として面積を抑え、ダイニングキッチンと命名した公団住宅2DKを世に送り出した。日本住宅公団は、都市部の中堅勤労者の住宅難解消のために一九五五年に設立。一九六〇年頃からは標準化も進み戸数を求められるようになるが、初期は津端修一(一九二五-二〇一五)の配置設計による阿佐ヶ谷住宅など、自由闊達な集合住宅の計画が実現していた。

(志岐祐一)

フォトアーカイブス1

写真＝秋岡海平

北側前面道路より見る

西側からの全景。左奥に雪印本社が見える

雪印メグミルク

管理人室。右の階段を上がると1階の共用廊下へとつながる

西側の庭と1階の共用廊下

南側の階段。踊り場には大きな開口部が設けられている

4階の共用廊下

メゾネットタイプ28号室の上階。竣工時に近い状態の続き間の和室が残る住戸

メゾネットタイプ52号室の上階。竣工時に近い状態の洋室が残る住戸

メゾネットタイプ28号室の上階。東に面した和室の縁側部分

メゾネットタイプ28号室の上階。竣工時につくり付けられた床の間

メゾネットタイプ52号室の上階。二間続きの洋室から西側を見る

メゾネットタイプ52号室の上階。和室から廊下側を見る

メゾネットタイプ28号室の下階。竣工時に近い状態のキッチンやつくり付けの収納が残る

西側立面の夕景。1階に玄関、2-3階には各住戸のバルコニーが並ぶ

2章

管理とサービス

コーポラスでの新しい暮らし

松本真澄

集合住宅の管理とサービス

「マンションを買うなら管理を買え」という言葉があるが、民間企業が初めて分譲した集合住宅の管理はどのように考えられていたのだろうか。四谷コーポラスが建設される直前、一九五〇年代前半は、公営住宅や社宅などが全国に建設されはじめ、RC造の集合住宅（不燃アパート・耐火アパート）が人々の目にふれるようになってきた時期である。民間では、東急不動産の代官山東急アパート（一九五五）が「ぜいたくアパート」「高級アパート」として話題になった。これは分譲ではなく賃貸アパートで、居住者の八－九割を外国人が占め、地下に食堂や美容室、メイドルームなどの共用施設が備わっており、ホテルに近いサービスが提供されていた。

四谷コーポラスには、こうした共用の施設こそなかったが、管理契約書に管理業務として、共用部分などの管理や会計業務にくわえ、組合員苦情相談業務、組合員の外出に際しての鍵の授受保管業務などが掲載されており、さらにパンフレットには「伝言、取り次ぎ、洗濯物の処理など、ご用は管理人室へお申しこし下さい。管理人は、常に居住者の生活を守り、明るい日々をお過ごしになる居住者の、良きアシスタントです」とある。当時の高級賃貸アパートと同様にホテル・サービスに近いものであったことがわかる。

代官山東急アパート
引用出典=『街づくり五十年』(東急不動産、1973)

ところで、初期の日本住宅公団の団地には、生活をサポートする管理人補助としてヘルパーと呼ばれる女性職員が配置されていた。苦情相談なども行なっていたが、これは、集合住宅での生活指導という啓蒙的な意味合いが強かった。他方、代官山東急アパート(管理人は支配人と呼ばれていた)や四谷コーポラスでの管理人サービスは、海外居住経験があるなど居住者の生活水準が高かったこともあり、啓蒙的な意味合いはなく、顧客サービスとして実施されていた。似たようなサービスとはいえ、公団と民間ではそのベクトルは逆であったといえる。

また、サービス面でいえば、日本信販の社員が月賦と管理費を各居住者宅に出向いて直接集金しており、クレーム対応を含めてアフターサービスの充実につながっていた側面も見逃せないだろう。日本信販にとって初の分譲集合住宅ということもあり、入居者が満足しその評判が高まることが、それ以降展開する事業にとっても重要な意味があったであろう。また、クレームの数々は、次の集合住宅へのフィードバックに活かされていたようである。

アパート生活における洗濯の問題

四谷コーポラスの入居に際し、一九五六(昭和三一)年一一月に日本信販からいくつかの書類が送付されている。一つは、支払い方法について、賦金、土地賃借料、管理費等の書類。二つめは、火災保険について。三つめは、管理組合に関する書類で、「管理に関して種々研究の結果任意組合を作り管理することが、御入居の皆様に最も有利になります」とあり、組合規約と管理契約書が同封されている。さらに、「尚、実質的な管理事務は弊社で御世話申し上げます」と書かれ、実際に当初の管理組合役員四名のうち、理事一名、監事一名は、入居者でもある日本信販の社員だった。後に東京の都心部に建てられた高級分譲マンションには、コープオリンピア(一九六五)やシャトー三田(一九六四)など、当初管理組合がないマンションもあるなか、入居時から管理組合を結成し、管理規約を作成するなど、四谷コーポラス

昭和三十一年十一月八日

様

株式会社　日本信用販賣不動産部

拝啓　秋冷の候益々御清祥の段お慶び申上げます。
扨て、「四谷コーポラス」も愈々御入居の時期を迎えることになりましたので、御入居に伴う左記の件につき御連絡申上げます。何卒宜敷く御取扱いの程お願い致します。

敬具

記

一、御支払方法及び御支払日の件
賦金、土地賃借料、管理費等の御支払いに関し別紙調書に御記入の上御返送下さい。

尚、集金は今月より実施致しますから為念。

二、火災保険に関する件
保険額はA型百八拾萬円、B型百拾萬円で、保険料は千円に対し年額壱円参拾五銭と決定致しましたので、関係書類同封致しましたので所要事項御記入の上御返送下さい。

三、四谷コーポラス管理組合に関する件
管理に関して種々研究の結果任意組合を作り管理することが、御入居の皆様に最も有利になりますので、同封組合規約及び管理契約書を御承認頂き、所要事項記入捺印の上御返送下さい。

尚、実質的な管理事務は弊社で御世話申し上げます。

四、クリーニングの件
アパートでの生活で洗濯物の処理は現在大きな課題になって居る状態で御座いますが、皆様の御要望もあり、弊社にて鋭意調査致しました結果、下着類を低廉な費用でクリーニングする事が出来れば、その問題を解決し得ると云う結論を得、斯界の権威白洋舍と折衝し、左記により実施することになりましたので皆様の御協力を願い、文化的で素晴らしい環境での生活を満喫して頂きたいと存じます。

尚、申込書を同封致しましたから所要事項御記入の上御返送下さい。

(1) 取扱品　電気洗濯機で洗濯可能なるもの。
(2) 料金　一ポンド(＝一二〇匁)当り参拾円。
(註)ワイシャツ一枚五〇匁、シーツ一枚一一〇匁、浴衣一枚一二〇匁。
(3) 集配日　一週三日(月曜、水曜、木曜)
(4) 其の他　特殊ナイロン・ネット使用を要するため、各家庭専用のネット(価格、一個一、一〇〇円、八ポンド用)を白洋舍よりお購め下さい。
(5) 其の他のサービス
其の他の洗濯料金もコーポラス御入居の皆様に限り一割引にて御取扱い致し

竣工前の1956年11月に日本信販不動産部から入居予定者宛に送付された書類

はコーポラティブハウスに範をとっただけあり、入居者が管理主体だという考えが基本にあることがわかる。そして、四つめに、「クリーニングの件」という項目があり、白洋舎に下着類の洗濯を低廉な費用で依頼できるということが詳細に記載されている。浴衣が八枚ほど入るナイロン・ネットを購入し、週三回それに洗濯物を入れて出す方式である。

月賦の支払いや管理組合の結成といった管理運営の重要な事柄とともに、洗濯という些末な事柄が、なぜ入居時の書類に記載されていたのだろうか。それは一九五五（昭和三〇）年前後、「晴天時のアパートの満艦飾《まんかんしょく》」が話題になっていたからだろう。満艦飾とは軍艦が祝祭日や式典に際して旗を掲げることになぞらえて、洗濯物がはためくことを指している。紙オムツのない時代、オムツや浴衣がベランダいっぱいに吊されているさまは、近代的で文化的なアパートの美観を大いに損ねると考えられていた。そして部屋の日当たりや風通しが悪くなり健康的でないことも問題視されていた。四谷コーポラスにおいても、洗濯の問題は購入者から対応を求められる大きな事柄だったはずだ。

同潤会アパートをはじめとして、代官山東急アパート、あるいはのちの億ションとして知られるコープオリンピアも、屋上に物干し場を設けていた。代官山東急アパートには、さらに白

アパートの満艦飾
引用出典＝『住宅』（社団法人日本住宅協会、1957年9月）

洋舎が地下に入店していた。四谷コーポラスでは、屋上物干し場や共同洗濯場は採用せず、各戸の専用ベランダに物干掛を設けると同時に、白洋舎のサービスを導入することで解決を図ったのである。

洗濯は家事のなかで最も負担の大きい重労働である。四谷コーポラスの購入者層であれば、戦前は家に女中がいて、洗濯は主婦の仕事ではなかったに違いない。ところが四谷コーポラスには女中部屋がない。つまり、住み込み使用人は想定されていなかった。解決策は、家事労働の外部化、共同化、機械化による合理化だ。当時集合住宅では、個々に高額な洗濯機を所有するのではなく、共同洗濯場が現実的だと考えられており、女性を家事労働から解放する方法だとも捉えられていたのだが、日本信販は、共同化ではなく、白洋舎を利用する外部化を提案した。

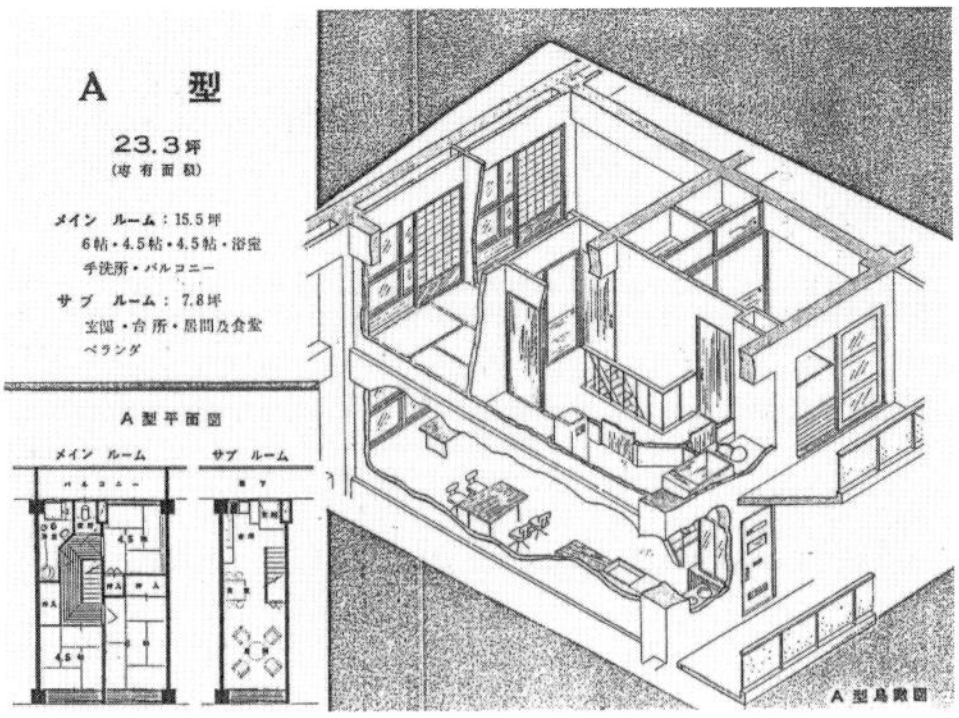

A型住戸の鳥瞰図と平面図
（日本信販パンフレットより抜粋）

同時にこの時期は、電気洗濯機が家庭に普及しはじめるタイミングでもあった。一九五三（昭和二八）年、比較的安価な噴流式洗濯機が発売され、物品税の撤廃もあり三万円を下回ったことを契機に、洗濯機の普及率は、昭和三〇年に六・五パーセントだったものが、三五年には二六・一パーセントへと増加している。ちなみに、初期のパンフレットの鳥瞰図（A型）には、洗面所に一槽式洗濯機が描かれている。当初の洗濯物の問題も、技術の進歩により機械化が一般化することで解消され、白洋舎に出すというルールも消滅していったようだ。四谷コーポラスの入居が始まってからの数十年は、洗濯ひとつとってもそうだが、生活スタイルが大きく変化した時期なのだ。

時代を先取りした四谷コーポラス

集合住宅の販売方法や管理や生活の観点からみると、四谷コーポラスは、その後の民間分譲マンションの流れを先取りしていたことがわかる。区分所有法(一九六二)が制定される六年前の一九五六(昭和三一)年に、建物着工前の青田売りによる割賦販売を行ない、共用部分も含めて個々の住戸を切り分けて販売し、入居時に管理規約(管理契約書・管理組合規約)をつくり管理組合を立ち上げている。いまではあたりまえの方法に思えるが、当時はこれ以外の販売方法も管理方法も存在していたのである。東急不動産が初めて分譲した東急スカイライン(一九五八)は、パーキングやエレベータ・ホールや廊下などの共用部分を東急が所有し、専用部分だけを販売する方式をとっていた。また、所有者による管理組合をつくらずに、管理会社が主体となって管理する方式も存在していた。個々が所有し、管理組合で管理する四谷コーポラスの方式が、いくつかあった選択肢のなかで広く普及していったのだ。

生活面については、共同の洗濯場を設けないという選択が四谷コーポラスでは採用された。集合住宅といえども、各々の家族のプライバシーは保たれ、互いに干渉しないような計画となっている。信販会社としては、個々の家族が大型家電製品を購入することを推進する意図もあったのかもしれない。そして、戦後の分譲マンションはまさにこうした流れを加速させ、家族の生活が住まいのなかで完結する暮らしを推し進めてきた。

竣工後六〇年の歳月が流れ、四谷コーポラスが指向した家事の外部化や機械化はさらに進み、近所づきあいの必要性も薄れ、核家族はさらに小さくなり、家族内での個別化すら指摘されるようになった。行きすぎた個別化の反動からか、いまではシェアハウスやカーシェアリングが広まり、つながりを求める流れとともに共同化・共有化による合理化が再発見されているかのようである。とはいえ、高度経済成長のスタート時期に建てられた四谷コーポラスでの管理方式と暮らし方が、その後の集合住宅のスタンダードをかたちづくっていったことに間違いはないだろう。

分譲マンション黎明期の管理とサービス

崎前光嗣（元・信販コーポラス）　聞き手＝大月敏雄＋松本真澄＋志岐祐一

昭和四〇年代のマンション管理

大月敏雄　四谷コーポラスは日本における民間での個人向け分譲集合住宅の第一号です。ここで試みられたことが、現在の大多数の分譲マンションの原型を成しているのではないかと考えています。初期の段階でどのような管理運営がなされてきたのか、コーポラスシリーズの管理業務に実際に携わってこられた崎前さんにお話をうかがいたいと思います。

崎前光嗣　私は一九六六（昭和四一）年に信販コーポラス（前・日本信販不動産部で、のちの日本開発）に入社しましたが、初年度は管理には携わっていませんでした。入社二年めの一九六七（昭和四二）年四月に信販コーポラスがコーポラスサービスという子会社をつくりました。当時、信販コーポラスで建設したマンションが一〇棟前後あり、四谷コーポラスの住民のみなさんのお世話をするように会社から仰せつかって、たしか三、四名でこの業務に当たっていました。お客様のあらゆるニーズにお応えできるような環境を整えるようにとの指令がございました。四谷コーポラスは三〇戸足らずで、メゾネットとフラットタイプが混在しているマンションでした。そこに管理人を置いて、お客様のお世話や共用部分の管理業務に当たるということでした。あとは年一回の高架水槽の清掃や、鉄部塗装、日常の清掃などを行なっていました。年に三、四回理事会を開催して、居住者の要望事項を聞いたり、共用部分で守られるべき事項の徹底をしていました。

志岐　新築当初は見えるところに洗濯物を干してはいけないというルールがあったそうですね。仕事の忙しいご主人同士の交流の機会がなかなかもてなかったので、会社の創設パーティーのゴルフに招待して、だんだん管理のための体制を整えていったということも住民の方々からうかがいました。

崎前　四谷コーポラスは戸数も三〇弱ですし、一フロア一名ずつピックアップして輪番制で理事をお願いしていました。当時は永久理事長がいらっしゃいましたので、その方が全部世話を焼かれていました。わりとスムーズにお集まりになったし、場所も近場の銀行の会議室を借りた記憶があります。居住者の皆様との融和を図ろうということで、信販コーポラスの重役とゴルフに行ったこともありました。

志岐　四谷コーポラスとその他のコーポラスの管理組合の違いはありましたか。

崎前　大なり小なりですね。四谷コーポラスの八年後に竣工したニュー赤坂コーポラス（一九六四）や青山コーポラス（一九六四）あたりから居住者自体も変わってきたような印象がありました。四谷コーポラスでは管理人も九－一七時でよいのですが、二四時間の管理業務をしてほしいというマンションも出てきました。そうすると管理人とは別に夜通し面倒を見る職員も必要になるので、そこに腐心した記憶があります。夜の管理業務は担い手がいないんですよ。そこで目をつけたのは、大学生や大学を卒業して司法書士になりたい人です。管理室で仮眠もとれますし、勉強しながら窓口業務に応じてもらおうと。するとけっこう人気が出まして、順番待ちの状態が続きました。

サービスと修繕

崎前　当時は区分所有法ができた直後でしたから、管理の対応として確立したものはなく、サービス的な側面が強かったように思います。今のように、管理契約に基づいた管理業態に対して報酬をもらうという時代ではなかったので、ハイソなお客様に次のお客様を紹介していただく営業的なニュアンスも入っていたような気がします。かゆいところに手が届くというような日常の手伝いもしていました。洗濯物を預かったり、留守番や子どもの学校への送り迎えなどもありましたね。

松本　洗濯は白洋舎にすべてお願いしていたと聞きましたが、当時もそのようにやっていたのでしょうか。洗濯機を買って自分で洗濯する家庭もだんだん増えていったそうですが。

崎前　やっていたと思います。ほかには荷物の預かりも最初はずいぶんやっていました。あまり個人的なものを受け入れすぎるのもよくないという話があって、だんだんやらなくなっていきましたが。当初はお客様のためのサービスとして、むしろ率先してやっていた時期もありました。時間が経つにつれてだんだんその意識も変わっていったように記憶しています。

志岐　設備関係や修繕についてはいかがでしたか。

崎前　四谷コーポラスはそれほど設備が充実していたわけではありません。ダストシュートがありましたが、臭いが出るので途中で廃止にしました。良かれと思って設置したものが案外不評だった。

志岐　ダストシュートは紙ごみならいいけれど、生ごみも一緒に入れられると中でぐちゃぐちゃになってしまいよくなかったという話は戦前にできたアパートでもよく聞きました。修繕についてはいかがですか。

崎前　エレベーターやオートロックも付いていなかったですし、大きい修繕といえば鉄部塗装くらいでした。

志岐　定期的な修繕については、当時からすでにお考えだったのでしょうか。

崎前　おそらく当時はまだそういう意識はなかったと思います。最近のマンションは二〇ー三〇年を見越した修繕計画を立てていますが、当時はそこまで考えが及ばなかったというのが実態ではないでしょうか。

志岐　入居者から管理費を預かって修理費用などをまかなっていたかと想像しますが、当時は定期修繕の感覚がなかったとなると、大きな修繕がある時にはまとまった額を会社から持ち出していたということでしょうか。

崎前　いえ、それはないと思います。修繕積立金の要素を含んだ管理費をお預かりしていました。当時は管理組合もお金のことは面倒ですから、あまりタッチされなかった。今では考えにくいですが、当時は会社が個人カードというお客様の家族構成などが書かれたものを預かっていて、管理費の未収もすぐにわかるようになっていました。年に一回収支報告をするわけですが、日常の細かい明細も全部報告していました。管理会社としては、本来ならば収益として捉えるものなので、多少は管理委託費としてもらってしかるべきだと思うのですが、当時は会社の

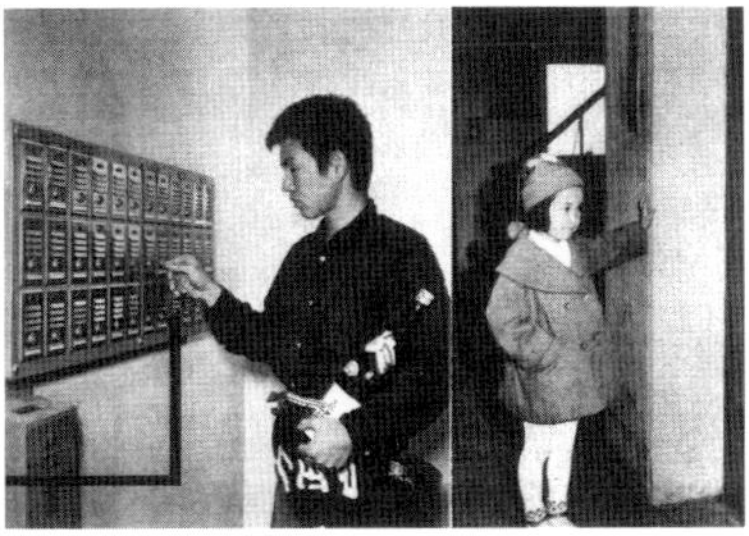

九段コーポラスで導入されたインターフォン
（信販コーポラス株式会社パンフレットより抜粋）

景気も良かったのか、管理人の手当てさえもらってなかったです。次のお客様を紹介してもらうということに焦点を当てていたように思います。

コーポラスサービス株式会社の役割

大月　信販コーポラスの子会社として新しくコーポラスサービスを立ち上げたとのことですが、どのような会社だったのでしょうか。

崎前　実態は信販コーポラスそのもので、名前だけコーポラスサービスと呼んでいたようなものですね。そういう状況なので、働いている身としては会社として立ち行かないのではないかという危機感があったくらいです。

大月　コーポラスサービス自体は赤字だったのでしょうか。

崎前　それがそうでもなくて、全体としては黒字だったんです。清掃業務、修繕、お客様から個人的に受けた修繕に多少経費を乗せていた分で利益が出ていました。

崎前光嗣氏

大月　危機感というのは、お客様個人からこまごまとした要望があって、それに対応していくと経費がばかにならなかったということでしょうか。

崎前　そういうことになりますね。今ならそれを業務としてしっかり組み込んでやると思うんですが、その当時はそういった感覚がありませんでした。ただコーポラスサービスでは、私が在籍した五年間で決算上は赤字はなかったと思います。

大月　今だと一般のマンション管理会社は管理組合を相手に仕事をしていますから、基本的に一住民が出てきても対応しきれない。結果からするとコーポラスサービスはかなり細かいサービスをしていたということになりますね。

崎前　そうですね、あらゆることをしていました。夜の二〇、二一時に呼び出されたりもしました。これは仕事だと心の中で言い聞かせながら、ご注文をうかがっておりました。

大月　当時は夜でも住民から連絡があれば駆けつけていたんですか。

崎前　たいていはそうしていました。社員といっても私を含めて男性が三人、女性が二人でしたから。

大月　それでは会社にアフターファイブも詰めていなければいけなかったのですか。

崎前　いえ、個人的に自宅の電話番号を教えていました。あの時代は「それがサービスだ」と言われたら残業時間なんて関係なかったですから。ですから、五年間勤め上げて異動になった時は、正直ほっとしました。

大月　つらいお仕事だったのですね。

崎前　まあ、仕事ですからね。今から考えれば昔の大まかな管理待遇はやりやすい部分もあったとは思います。柔軟に対応できますから。

右より、大月敏雄氏、松本真澄氏、志岐祐一氏

大月　将来はコーポラスサービスを独立させようという見込みがあったのでしょうか。

崎前　それはなかったと思います。当時の不動産会社は営業に力を注ぎたいわけです。そうするとアフターサービスなんかは本当はやりたくないわけだけど、コーポラスサービスという別会社を設けることでその業務を切り分けて、そこに当たらせたということだと思います。

大月　お客様からすると、アフターサービスもちゃ

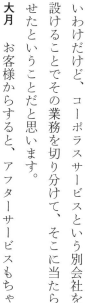

んとした会社が担当しているから安心という目で見てもらえるということですかね。

崎前　ええ、そうだと思います。

大月　一九六二（昭和三七）年に区分所有法ができたことは仕事に影響はありましたか。

崎前　もちろんありました。区分所有法に則って管理をしなくてはならないですから。管理組合をつくって、毎年理事を選出して、収支報告もオープンにしてということはやっていました。本来は管理会社の仕事は共有部分の管理ですから、個々の問題は関知しない。しかし当時はおおらかな時代だから、個人を優先して、揉めごとの仲裁まで対応するようになったわけです。コーポラスサービスは逆にそれを謳い文句にしていました。

住戸のリフォームについて

志岐　複数の住戸を購入して、戸境壁を壊して一戸にリフォームするようなお客さんは当時いらっしゃいましたか。

崎前　マンションによってはございました。原理原則は勝手に壊されるのは困るのでご注意申し上げましたが、法的に開き直られるとそれ以上言えないところもありました。ですから、できるだけ話し合いで解決したいところですが、どうしても強引にやってしまう方もいらっしゃいました。一番恐かったのは、耐震壁に穴をあけられてしまったことでした。これは強度上大問題なので、ゼネコンと居住者と会社で話し合って補修したということはありました。

志岐　専有部分に手を入れる場合は管理人に届出をしてもらうなどのルールはあったのですか。

崎前　共用部分は居住者全員の財産ですから、管理組合に届け出ることになっていました。しかし専有部分について原理原則は管理組合はタッチできないんですね。ただ、ほかの方にも影響が及ぶ場合は話し合いを持てるようにしないといけない。

志岐　なるほど、それは画期的ですね。標準管理規約でそうしたリフォームに関する条項が入ったのは一九九七年頃なので、それより四〇年以上前から適切に対応していらっしゃったのには驚きました。

設備機器の拡充と管理費の上昇

松本　先ほど、ニュー赤坂コーポラスや青山コーポラスでは雰囲気が変わってきたとおっしゃっていましたが、それは居住者の方々の雰囲気ということでしょうか。

崎前　それもそうですし、設備機器がまったく違うものになっていきましたね。エレベーターや機械式駐車場などができて、管理の仕方も変わっていったように思います。

大月　そうなると管理費も高くなると思いますが、その差額も算定していたのですか。

崎前　それは本社の販売部門が決めていました。あくまでも縁の下の力持ちの管理部門はタッチさせてもらえませんでしたね。

志岐　管理費の値上げはしましたか。

崎前　それはありましたね。物価の上昇もありましたし、毎年の維持費は上がっていくので。

志岐　なるほど。スタートの管理費は販売部門で決めて、しばらく管理をしてみてから実情に合わせて修正していったということですね。

崎前　そういうことです。

早すぎたマンション管理会社

大月　昭和四〇年頃からマンションブームが現われてくるなかで、ピッチャーかキャッチャーかでいうと、管理部門はキャッチャーの立場で捉えられていたと感じました。うまく管理をやることでマンションの価値を上げていくということを第一に考えれば、管理技術や管理計画をより重視するようなやり方がありえたのかもしれませんね。

一方で、ほかのマンションにも同様に管理組合ができてくるにしたがって、管理会社も同時に発生していくと思いますが、ほかのマンションの管理にも手を出すとか、幅を広げていくことは考えましたか。

崎前　じつは一時期会社に提案したことはあるんですよ。「管理のやり方によってはビジネスになりますよ」と。ですが、当時の信販コーポラスにはそういう意識がなかったということですね。自分たちのものをつくるので精一杯だったんですね。

大月　なるほど。ほかのマンションの管理会社との情報交換や人事交流のような接点はありましたか。

崎前　これからマンションをやろうという会社が、われわれがどう管理をしているのかを聞きに来たことはありました。雑誌に取り上げられたこともあります。そう考えると、コーポラスサービスはもっと発展させていけば上場できる会社だったのかもしれませんね。当時はわれわれに知恵も知識もありませんでした。

大月　昭和四〇年代には、何回かのマンションブームによって、民間でも公団でも分譲集合住宅が一般化、庶民化していったのですが、それでもマンション管理業において、積極的な経営をやろうという考えはなかったのですね。デベロッパーも、開発には力を入れるけれど、アフターについては仕方なく管理会社をつくるという時代がかなり長く続きます。当時は公団でも設計部隊が花形で、管理部隊は日陰という構図もあったようにうかがってます。日本全体がマネジメントに光を当て始めたのはごく最近のことで、マンション管理のあり方が大事だという風になったのはここ二〇年くらいですね。いまになってようやく、いったんつくられた居住環境をいかにメンテナンスしていくかという課題が一気にクローズアップされるようになりましたね。

崎前光嗣　さきまえ・みつはる

一九六六年、信販コーポラス株式会社入社。一九六七年よりコーポラスサービス株式会社に所属し、四谷コーポラスをはじめ、ニュー赤坂コーポラスや青山コーポラスなど、多数のコーポラス物件の管理サービスを担当。

四谷コーポラス規約の意義

大木祐悟（旭化成不動産レジデンス、マンション建替え研究所）

日本最初期の規約

四谷コーポラスの建替え事業を進めるに際して、同マンションの記憶を残すことを目的に、本書執筆陣をはじめ手分けをして文献や資料等にあたるなか、同マンションの区分所有者から提供を受けたさまざまな資料のなかに、分譲当初に制定したと思われる「規約」があった。建物の区分所有等に関する法律（以下、区分所有法）の制定は一九六二（昭和三七）年、四谷コーポラスの分譲から六年後であり、旧建設省が中高層住宅標準管理規約〔現在は「マンション標準管理規約」となっている。以下、標準管理規約〕を最初に公表したのは一九八二（昭和五七）年であることを考えると、当初から規約が準備されていたことは画期的なことである。

所管する法律もなく、参考にする資料もない当時につくられたにもかかわらず、この規約はきわめてよく考えられた内容となっている。そこでこの規約と、昭和五七年に初めて公表された標準管理規約とを比較しながら、この規約の先進性について考えてみたい。

一九八二（昭和五七）年の標準管理規約との比較概要

①　標準管理規約第一条の「目的」に相当する条項が第二条におかれている。ここでは、組合は「コーポラスの共同管理をなすことを目的とし、組合員は和協善隣の精神を以てその運営に協力する」と規定している。表現は古いが、精神は標準管理規約と同じである。

②　標準管理規約第六条の「管理組合」（以下、組合）に相当する条項は第一条と第四条となっている。第四条では、組合は「コーポラスの共同利害の問題及び共同部分の一切を処理」することが明記されている。

③　標準管理規約第一二条の「専有部分の用法」に相当する条項は第一〇条であるが、このなかで「住宅を住居以外の目的に使用」することを禁止している。また、標準管理規約第一三条「敷地及び共用部分等の用法」に相当する条項として第一二条と第九条が設定されている。第一二条では、組合員は「共用部分に対して本規約に違反しない限りで利用」できるとし、また第九条では「他の入居者に対し、迷惑又は危害を与える家畜」の飼育を禁止するほ

か、共用部分及び共用施設の修理や改築、外観や構造を変更すること、共用部分に工作物を構築すること等を禁止している。

④ 標準管理規約第一八条「専有部分の貸与」に相当する条項として第六条が設定されている。具体的には、組合員が専有部分に第三者を居住させる場合は、予め組合に届け出なければならないとしている。

⑤ 標準管理規約第二三条の「管理費等」に相当する条項は第七条と第八条となっている。組合員は管理上必要な諸経費を負担することが明記されている(第七条)ほか、諸経費を納入しない者や著しく遅延した者には、総会決議に基づいて理事長は施設の使用を拒否できる(第八条)等の規定となっている。

⑥ 標準管理規約第二九条「組合員資格」に相当する条項は第三条である。各住戸を「占有する者」は組合に加入しなければならないとしている。また所有者以外の者が占有するときは、占有者は所有者とともに組合に加入することとしている。ここは、標準管理規約とは異なる部分である。

⑦ 標準管理規約第三一条「業務」に相当する条項は第五条である。このなかで管理組合の業務としては、共用部分や共用施設の管理、定期巡回、管理費の保管や出納と収支決算、管理に必要な一切の業務等となっている。標準管理規約第三三条から第三八条(役員及び役員の任期、理事長や副理事に係る規定)に相当する条項が、第一八条、第一九条、第二一条、第二二

条、第二三条、第二四条である。なお、四谷コーポラスの規約では、理事会の承認を得て理事長は職員を採用することや解雇することができるとするもの以外は、理事長や副理事長の職務に係る規定はない。

⑧　標準管理規約第三九条「監事」に相当する規定は第一六条と第一七条である。監事に関しては「組合の事務を監督し、必要に応じて理事長に説明を求めることができる」とその役割は明確に規定されている。

⑨　標準管理規約第四〇条「総会」に相当する規定は第二五条である。総会については定時総会と臨時総会があることが明確になっており、定時総会は毎年四月に開くこととなっている。なお、標準管理規約第四一条「招集手続き」に相当する条項は第二六条と第二七条である。このうち第二六条では、総会の招集は五日前までとしている。

⑩　標準管理規約第四二条「組合員の総会招集権」に相当する条項が第三〇条に規定されている。このなかで議決権を有する組合員の三分の一以上が総会の招集を要求した場合は、理事長は一週間以内にこれを招集しなければならないとしている。

⑪　標準管理規約第四四条「議決権」に相当する条項は第一三条である。このなかで「一戸に付一票の議決権」となっている。また第二九条で、委任状に係る規定をおいている。

⑫　標準管理規約第四五条「総会の会議及び議事」に相当する条項は第二八条である。このなかで総会の議決は「組合員の議決権数の半数以上に相当する組合員が出席」することとさ

れ、出席組合員の過半数の議決権で決議する旨が定められている。なお第四一条で、規約の改正は出席組合員の三分の二以上としている。

⑬ そのほか、理事会については三一条、三二条、三三条、三四条で規定されているほか、会計年度（第三五条）や収支予算の作成と総会承認（第三七条）、決算報告と承認（第三八条）等も規定されている。

⑭ なお、標準管理規約にはない条項として、防火管理者に係る規定等（第三八条、三九条等）が設定されている。

四谷コーポラスの規約の特色と先進性

以上みてきたとおり、粗削りな内容ではあるが、標準管理規約のなかで必要と思われる事項は四谷コーポラスの規約でもおおむね網羅している。このなかで先進的なものとしては、専有部分の使途を住宅と定めているほか、「迷惑又は危害を加える恐れのある家畜」の飼育を禁止していることや、共用部分や構造の変更を禁止していることを挙げることができる。現実に、ペットの飼育や共用部分の勝手な変更は、その後のマンションでもさまざまな紛争の元となっていることを考えると、こうした内容があらかじめ考慮されていたことは評価できる。

また、管理費未納の問題は、管理組合を運営するうえできわめて頭の痛い問題であるが、この件に対して、未納者や著しい遅延者に対しては共用部分の使用を禁止できるとする規定は、きわめて興味深いものであるといえるだろう。いずれにしても、規約制定当時において、こうした可能性を予見していたことがわかる規定である。さらに、組合員が専有部分を第三者に占有させる場合には、組合に届け出を義務付けていることも重要な点である。

次に、管理組合の業務として、「組合員の苦情相談業務」が規定されているほか「組合員の外出に際しての鍵の授受保管義務」がおかれている点は興味深い。鍵の件については、ある意味でコンシェルジュ・サービスに近いものであるといえるかもしれない。一方で、組合員として区分所有者以外の占有者を認めている点は、区分所有法が制定されている現在では考えられない規定である。さらに、区分所有法では管理者の解任にかかる規定があり、標準管理規約では理事の辞任や解任に関する規定がないが、四谷コーポラスでは、第一八条で理事の辞任と、理事の三分の二以上の決議で理事を解任することができるとしている。二〇一七(平成二九)年、理事長の解任にかかる最高裁判決が話題になったが、この点にもあらかじめ対応していたこの規約は、きわめて興味深いものである。

最後に、区分所有法も制定されていないなかで、「共用部分」という表現を使っていることも画期的ではないかと考えられる。

◉ヘルパー

日本住宅公団が設立された昭和三〇年代の初め、集合住宅での暮らしは供給者にとっても居住者にとっても手探りであった。近隣関係や上下階の音、気密性が高いがゆえにガス暖房による結露やカビが発生するなど、さまざまな問題が持ち上がった。ロンドン生活が長い公団初代総裁加納久朗は、コミュニティライフのモデル的なものをつくる、という意識があった人物である。

公団は、調査研究の一環として、一九五六年に生活科学化協会で養成された研修生を各団地に派遣し、生活指導を実施しながら協同生活の問題点を明らかにする試みを行なった。これが端緒となり、大学卒の女性が「管理補助員」として各地に配置され、彼女たちは通称「ヘルパー」と呼ばれるようになった。団地の管理業務の内容が確立される以前のことであり、活動の幅は広く、新しい入居者への団地生活での暮らし方の説明に始まり、苦情の受け付け、コミュニティ活動の世話などを行なっていた。団地生活指導という啓蒙的な役割を担っていたが、団地暮らしが定着し、自治会活動が盛んになるにつれて、管理体制が整ってきたこともあり、数年で役目を終えた。

住居管理としては、一九世紀後半のイギリスで、貧困層を対象に借家人が自立した生活を送れるよう、生活指導を行なっていたオクタビア・ヒル(一八三八―一九一二)の活動がある。公団住宅は都市部の勤労者向けの住まいであり、社会階層が異なるが、ともに啓蒙的な住宅管理としての側面を持っていた。

(松本真澄)

◉白洋舎

白洋舎の創業者、五十嵐健治（一八七七―一九七二）は、三井呉服店（現・三越）に一〇年勤めた後、一九〇六年日本橋に白洋舎を開業し、翌年には日本初のドライクリーニングを始めている。関東大震災後は、早くも自動車による洗濯物の集配を行なっていた。戦前、札幌から福岡まで全国に工場や営業所を展開していたが、戦災により大きな被害を受け、物資も不足し営業がままならない状態となった。

終戦後は、進駐軍による調達要求（P・D）を受け、一九四五年一〇月に厚木基地で業務を開始したのを皮切りに、短期間のうちに工場や支店を次々と復興させた。渋谷工場も、進駐軍の工場設立の命令によるものだが、進駐軍の軍用の洗濯のほかにワシントンハイツに暮らす住民向けにも営業していた。

昭和二〇年代中頃には、軍需、民間個人向けのほか、ホテルなどの仕事も行なっていた。その流れから、外国人居住者が多い代官山東急アパートで営業を行なっていたことにも頷ける。

昭和三〇年前後は、女性の洋装化が一段と進み、ナイロンなどの化学繊維も増えた。洗濯方法もタライと洗濯板を用いるものから、洗濯機による水洗いとドライクリーニングへと切り替わり始めていた。

洗濯機の出現により、庶民でも手のアカギレを心配せずに沢山の洗濯物を洗うことができるようになった。晴天時に集合住宅のベランダが洗濯物で「満艦飾」となるのは当然だったのだろう。

（松本真澄）

◉住宅組合と区分所有

日本のコーポラティブ住宅は、組合所有のための法制度が存在しない。そのため、所有権は普通のマンションと同様に区分所有されている。ところが、第一次世界大戦後の一九二一年に住宅不足を補うために日本にも住宅組合法が導入されていた。イギリスの建築組合やドイツの公益建築会社が参照されたといわれており、法人格を持つ住宅組合が、税制の優遇、低利の公的融資、土地の貸与や譲渡などの優遇を受けることができる制度となっていた。七人以上で組合を設立し、すべての組合員の住宅が建設されると解散となる仕組みで、当初は旺盛な需要があったものの、十分な融資用の資金や土地が準備されず、徐々に先細りになっていった。戦後、組合数は減少したものの、一九五五年には約一〇〇〇組、約一五〇〇〇人がいたが、その後利用されなくなり住宅組合法は一九七一年に廃止された。この法律は、組合に法人格が付与されていることがポイントで、集合住宅建設を意図したものではなかったが、戦後、もしこの法律を利用してコーポラティブハウスを建設しようとする動きがあれば、日本の集合住宅の所有形態に、もうひとつの道が開かれていた可能性も否定できない。

区分所有法が制定されたのは、一九六二年である。それ以前に割賦販売されている四谷コーポラスはどのように登記されていたのだろうか。敷地は当初、日本信販が所有していたため、個々の購入者は管理費などとともに借地料を支払っていた。その後、一九七七年の日本開発の会社更生手続のなかで、土地は売却され共有地として登記されている。建物の登記については、フラットタイプ「ビー一号室」を見てみると、「居宅四四・八二平米」「廊下階段七・三三平米」の記載があり、一九五六年一〇月一八日に株式会　社日本信用販売不動産部が登記され、その後、一九五八年に個人所有者の名義に変わっている。メゾネット型の廊下階段は少し広い一一平米（三・三四坪）となっており、住戸の面積に応じて共用部分の所有割合が決まっていたことがわかる。通常の区分所有建物の登記においては、廊下などの共用部分の記載はないが、四谷コーポラスでは居宅部分に附属させるかたちで共用部分の割り当て面積が登記されていた。

（松本真澄）

3章

四谷コーポラスに流れた時間

オーダーメイドからリフォームへ

松本真澄

戦後初のコーポラティブハウスか

四谷コーポラスは、アメリカ大使館からコーポラティブハウスの情報を得て企画された。当時のパンフレットにも、「YOTSUYA CO-OPERATIVE HOUSE」とはっきり書かれている。つまり、日本初の民間分譲マンションであり、なおかつ、日本初のコーポラティブハウスといえるのではないだろうか。

コーポラティブハウスとは、組合を結成するなどして、住宅を共同で建設し、共同所有し、共同管理する住まいのことである。イギリス、スウェーデン、アメリカなどでは一九世紀半ば頃からみられ、欧米では共同所有、共同管理や経営に重きが置かれている。一方、日本の

「YOTSUYA CO-OPERATIVE HOUSE」とある
（信販コーポラスパンフレットより抜粋）

コーポラティブハウスは、企画・建設過程における居住者の参画が重視され、共同所有されていない。所有形態は、区分所有の分譲マンションと同じなのである。

旧建設省では、コーポラティブ方式を「自ら居住するための住宅を建設しようとするものが、組合を結成し、共同して事業計画を定め、土地の取得・建物の設計・工事発注、その他の業務を行ない、住宅を取得し管理をしていく方式」（昭和五三年三月）としている。ところが、コーポラティブハウスとひとくちに言っても、供給方式をみると、入居者が主体となって土地探しから行なう本格的なものから、民間企業や公団・公社が企画を立てて入居者を募集する企画（提案）型と呼ばれる簡便なコーポラティブまで多様な方式がある。日本の場合は、いずれの場合も住戸設計の自由度が高いことが特徴となっているが、この自由度にもピンからキリまである。居住者が土地探しから行なう方式では当然のことだが、住宅設計の自由度はかなり高い。反対に、例えば東京都住宅供給公社が一九九〇年頃に多摩ニュータウンで供給した大型のコーポラティブハウスでは、事業主体である公社が建物の基本設計を行なった後に入居者を募集している。構造や水回り設備や開口部の位置はすでに決められているので、入居者が自由にできるのは、住戸内の間取りや内装などに限定されている。この方式はまさに、四谷コーポラスと同じなのである。

そうした日本のコーポラティブハウスの文脈からすれば、四谷コーポラスは日本のコーポラティブハウス第一号といっても差し支えないだろう。

オーダーメイド・マンション

かつての団地やマンションは、住戸プランもそうだが内装も画一的で、同じ建物であれば、同じ床、同じ扉、同じ壁紙があたりまえで、効率性や公平性が優先され、居住者の好みは重視されていなかった。日本では、購入した新築マンションの間取りや内装に手をくわえずそのまま暮らすのは普通のことである。いまでこそ、マンションの分譲時に間取りの変更やインテリアカラーの選択など、居住者のニーズを取り入れる仕組みが増えているが、六〇年以上前に居住者の意向を聞いて住戸の個別設計を行なったのは画期的なことだった。

四谷コーポラスの設計は、佐藤工業の木村恵一による基本設計と、居住者の希望に沿った実施設計の二段階的な供給方式がとられており、建設工事と並行して実施設計が進められた。基本設計では、メインルームと呼ばれる階は、独立した和室が三室、トイレ、風呂、洗濯機などが置けるスペースとそれらをつなぐ廊下から構成され、東側の六畳と西側四畳半の間に押し入れがある。各和室には縁側は設けられ、それにより柱や梁の出っ張りが隠されるよう

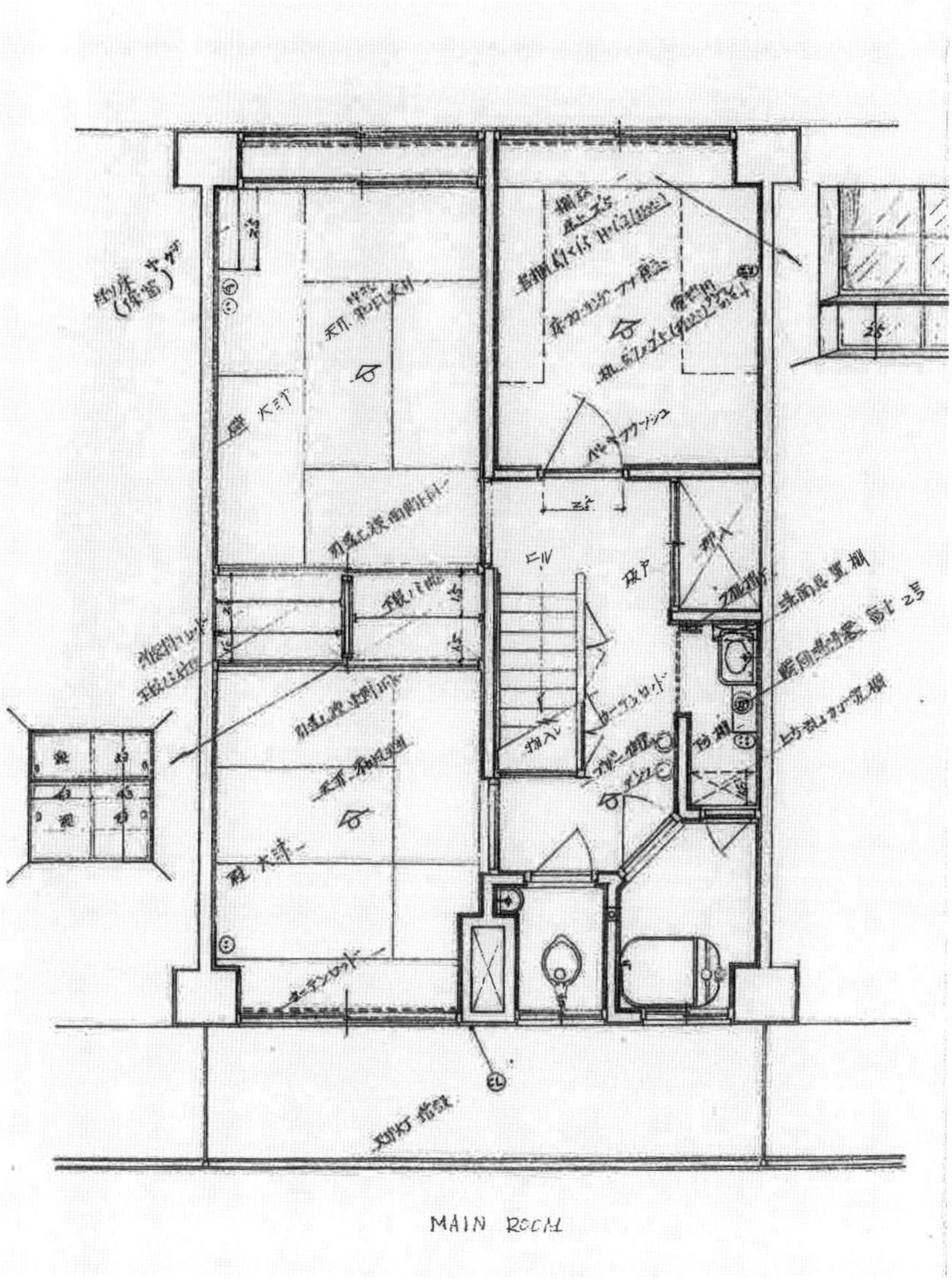

メインルームの実施設計平面図の一例。細かな造作について指示が書きくわえられている
（佐藤工業所有の図面資料より）

にデザイン的な配慮がされている。サブルームと呼ばれる階は、洋室、台所、玄関と階段から構成されている。

佐藤工業の設計図には、購入者の名前が記載された住戸ごとの実施設計図が残されている。同じ仕様のものは見あたらず、住戸ごとに購入者の意向が反映されていたことがわかる。和室を洋室に変更したり、部屋のつながり方についても襖で仕切り続き間にしたり、広い一部屋にするなどの変更がなされている。東と西の間にある押し入れについても、両側から利用できるような形式にしたり、仕切りの位置を調整するなど細かな要望に応えている様子がわかる。現在のマンションでは、畳があれば和室と呼ばれるが、昭和三〇年は戦前からの生活様式が色濃く残っていることもあり、座敷としてこだわりのある床の間や欄間が配されている。一方、掛け軸をかけるための床の間風の簡素でかわいらしい設えもある。

洋間では、つくり付けの家具が設えられ、ピアノの置き場にスポットライトが付けられるなど、生活をイメージして設計がされていた様子がうかがえる。居室部分だけでなく、風呂や洗面などの水回りについても、位置は固定されているものの、シャワーや上がり湯の有無や風呂の形状などは、各戸でバリエー

洋間のつくり付け家具
撮影＝秋岡海平

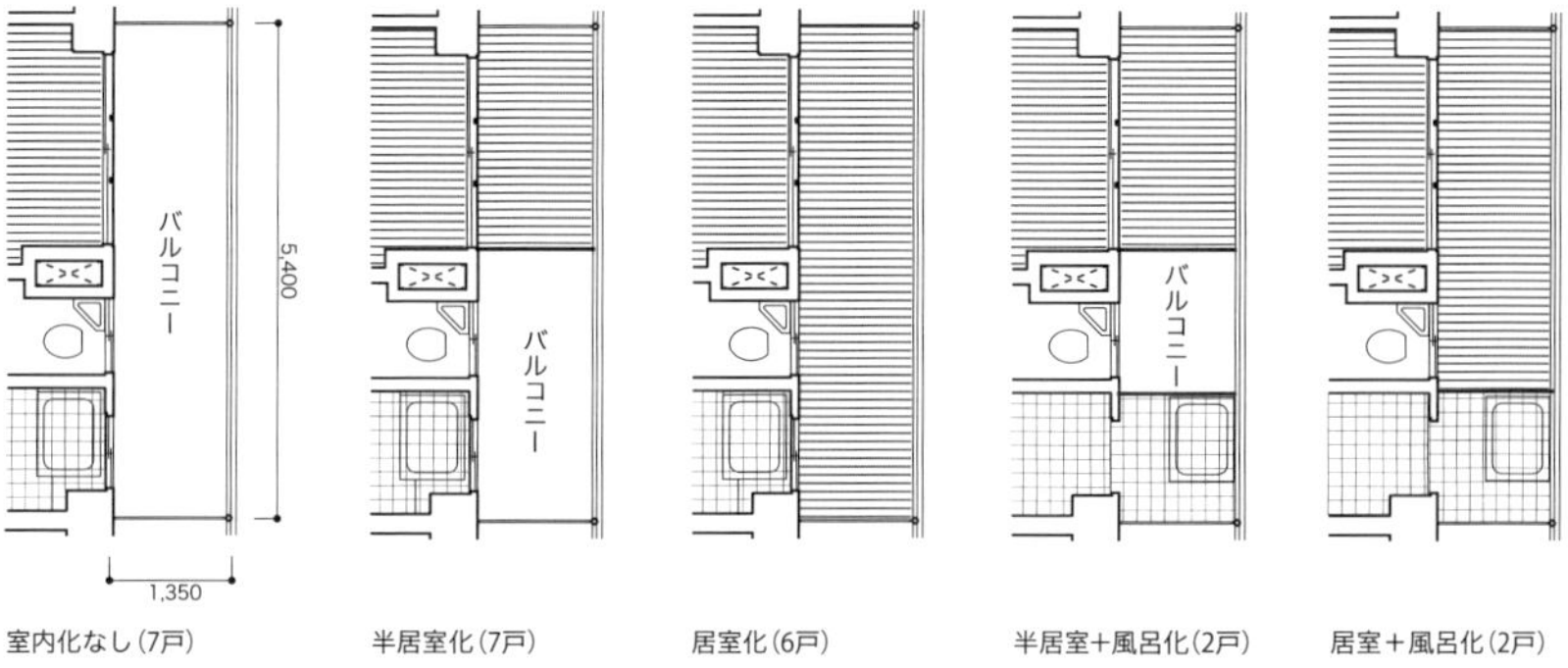

バルコニー室内化の類型
作成＝植竹悠歩

ションがみられる。台所や収納棚などもじつに細かく設計されている。また、階段のデザインは大きく二通り、コンクリートの重厚なものと、鉄骨と木製踏み板による軽快なデザインのものがある。こうした設計変更は、当然各個人の負担であり、あるケースでは三〇万円近い見積書が残されている。これはA型住戸の分譲価格二三三万円の一割以上にあたる。

個人によるリフォーム

居住者の意向を取り入れて住戸設計がなされていたが、歳月が流れるなかで、さまざまなリフォームも行なわれていた。分譲当初は管理日誌がないのでわからないが、築三〇年経った昭和六〇年代には多くのリフォーム工事が実施された。工事届けの書式があり、約定書には「ベランダに居室等これに類する建造物を構築または設置しないこと」など一二項目が記されているが、実際は、多くの住戸でベランダの居室化が行なわれ、八戸はすべて居室化し、一七戸は一部分を居室化している。一九

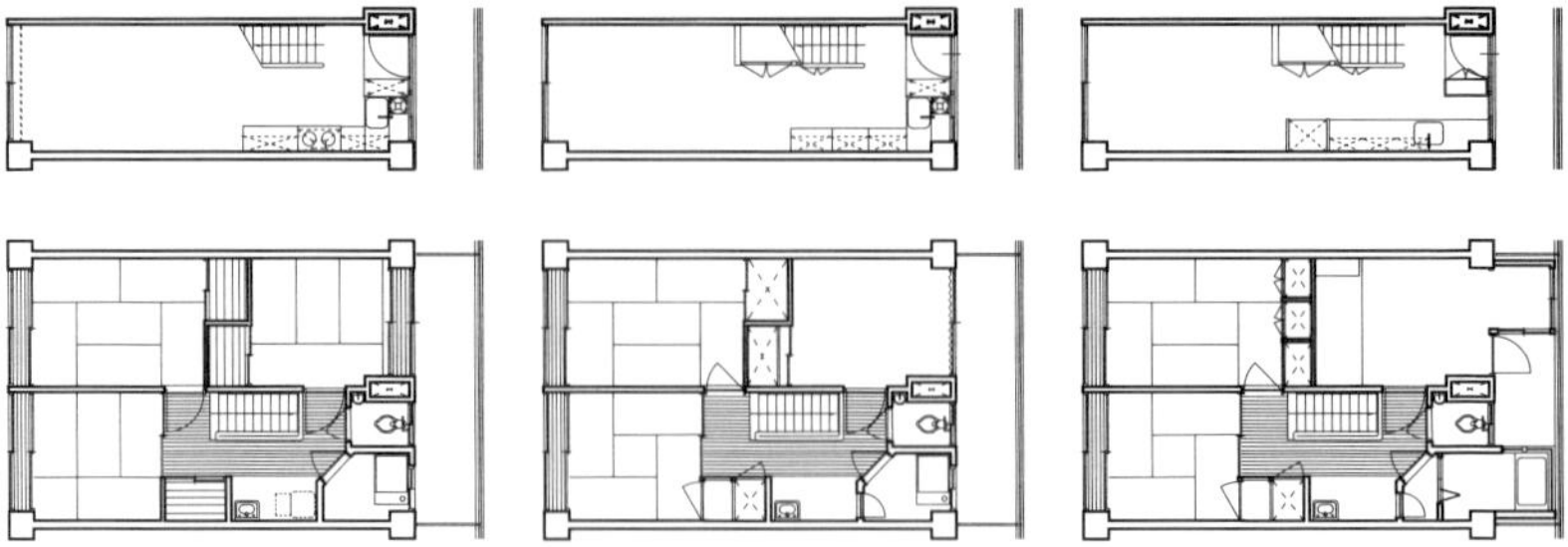

22号室の基本設計(左)、実施設計(中)、実測図(右、2017年) [縮尺=1/300]
作成=植竹悠歩

九〇(平成二)年に「諸問題についてのアンケート」が実施されるとともに、窓枠破損の状況が調査され、木枠が腐っている五件、老朽化しているが維持できる二件、工事を希望する一件、補修済三件、無回答八件(計一九件)という結果があり、共用部分である窓が問題となっていたことがわかる。結果、窓枠については、多くの住戸がアルミサッシに変更している。また、このアンケートでは、電気容量増設の意見が一四件と多数を占め、その後の増設工事につながっている。

一九九一(平成三)年頃にリフォーム工事が多数みられるが、この背景には水漏れなどがたびたび起き、設備などの老朽化が問題になっていた事実がある。台所や風呂やトイレなどの水回りの設備は、竣工当時とは比べものにならないくらい大きく変化している。特に、風呂場のリフォームはガス給湯も含めて、居住者の工夫した跡が随所に見られ、バルコニーに張り出して浴室を広げたものや、バルコニーを居室化し、そこに屋外型給湯器を設置した例まであった。サブルームにあったキッチンをメインルームに移動したり、トイレの位置を大幅に変更するなど、水回りの配置を大きく変更する大規模なリフォームも数件見られた。

コンパクトな住空間で快適に暮らすため、収納についても創意工夫され、壁一面の本棚や、わずかな隙間につくり付けの棚を設置するなど、暮らしに合わせて手をくわえていった様子も見られた。そうした小さな工夫の数々から、隣り合う二つの住戸をつなげて一住戸にするような大規模リフォームまで、大小さまざまなリフォームの見本がここには残されている。

メゾネット式の室内階段は、特に高齢者には昇降が大変なために不評だったが、世代交代した若い居住者からは、こうした空間に魅力を感じるという声も聞かれた。近年、若い世代を中心に住宅をカスタマイズする暮らし方が浸透しているが、そうした人々にとって四谷コーポラスは格好の住宅であったはずだ。

築六〇年を経た四谷コーポラスは、オリジナルの内装が昭和の雰囲気を伝える住戸から、それぞれの暮らしに合わせてリフォームした住戸まで、暮らしの痕跡が幾重にも重なっている。貴重な民間マンションの先駆けであると同時に、住みこなされた空間としての豊かさがそこにあった。

生活者からみた四谷コーポラス

四谷コーポラス住民　聞き手＝大月敏雄＋松本真澄＋志岐祐一

入居時の印象

松本真澄　四谷コーポラスは建築の教科書に出てくるような特別な建築ですが、そこで実際にお住まいになってきた方々の生活はどのようなものだったのでしょうか。当時の生活についてお話をうかがっていきたいと思います。まずは簡単に自己紹介からお願いできますか。

海老原典子　五七号室の海老原典子です。四谷コーポラスに住んで四五年くらいになります。

島田勝八郎　島田勝八郎です。小学校五年生の時に、四谷コーポラスの竣工と同時に両親と一緒に引っ越してきました。六一年間住んでいます。

島田啓子　島田啓子です。結婚してから住み始めたので、私も四五年くらいですね。

山中和子　五六号室の山中和子です。私も建った当時から住んでいます。親が買って、兄弟みんなで住んでいました。最後に誰も住まなくなったので、私が譲り受けました。

松本　四谷コーポラスに入居された時の最初の印象を教えてください。

山中　私はとても嫌だったの。なんでこんなところに来てしまったのかと思いました。親に反対したんですけれど、娘時代だったので仕方なく連れて来られました。疎開先の千葉県から戻ってきて四谷コーポラスに入居しました。戦争がひどくなる前は原宿の一軒家に住んでいました。でもあの辺りは全部燃えてしまいましたから。

大月敏雄　具体的にはどこが嫌でしたか。

山中　四階まで階段をのぼらなきゃいけないんですよ。それで家に入ったらまた階段が……。

海老原　でもそのおかげで私は元気です(笑)。

山中　うちの叔母は子どものころから脚が悪かったから、仕方なく手放したんです。人によっていろいろですね。

大月　一軒家に比べてプライバシー面では何か違いを感じましたか。

山中　弟ばかりでしたけど、私はあまり感じなかったですね。

松本　部屋の使い方はどのようにしていましたか。一階に入ってすぐが台所で、奥が居間。二階は畳の部屋が三つですよね。

山中　二階の部屋のうち二つは弟たちの部屋で、最初から板の間に変えてもらって、畳の部屋は一つでした。

大月　ほかの男兄弟たちは喜んでいましたか。

山中　喜んでいたんじゃないかしら。私は早く出たくてお嫁にいっちゃいましたけれど(笑)。

志岐祐一　板の間にはベッドを置いていましたか。

山中　弟たちは板の間にベッドで、私と母は畳に布団で寝ていました。

大月　島田勝八郎さんが初めて引っ越してこられた時の印象はいかがでしたか。

島田勝　もともと北区にアパートを建てて、その一角に大家として住んでいました。そこは狭かったので、四谷コーポラスで自分の部屋ができたのはとても嬉しかったです。妹がいるのですが、それぞれ個室が持てました。

大月　その頃の小学生で個室を持てるのは珍しいですよね。友達が遊びに来た時の反応はどうでしたか。

島田勝　近代的でドアも鉄で、高校時代の友達から「お前、すごいところに住んでるな」と言われたことがあります。

山中　やっぱり男性と女性で考え方が違いますよね。入ったところがすぐ台所というのも私は抵抗がありました。

島田勝　私は個室を持てましたから、友達が泊まり込みで遊びに来たりできて、みんなにうらやましがられましたね。

志岐　奥様はいかがでしたか。

島田啓　結婚前は一軒家に住んでいました。家が開業医をやっていたので、必ず誰かが留守番をしないといけない生活を送っていました。その生活から鍵ひとつで外に出られる生活になったのはすごく嬉しかったです。理想的な生活だと感じました。四谷コーポラスはドアを閉じると自動的に鍵がかかってしまうので、よくお隣さんなどに鍵を預かってもらっていましたね。

住民インタビュー

大月　お隣さんに鍵を預けることもあったんですね。

島田啓　そうですね。お隣さんと、あとは管理人さんに。

志岐　海老原さんもご結婚前は一軒家でしたか。

海老原　実家は一軒家でした。うちは四谷の場所が便利だという理由でここを選びました。

ご近所付き合い

松本　住人同士の関係はいかがでしたか。

島田勝　父が「ここでは隣近所を知らなくていいんだよ」と言っていたことを覚えています。男性は勤めていたこともあるし、挨拶もほとんどなかったんじゃないかと思います。隣には造り酒屋のご主人が住んでいて、私のことを勝っちゃんと呼んでかわいがってくれていました。父はとくに横のつながりはなかったようですし、私自身も同じ世代がいる家についてはは少し知っていた、というくらいです。

志岐　あまり住人同士のお付き合いはなかったということでしょうか。

島田勝　おそらく、男性はどの家もその程度だったと思います。女性はだいぶ印象が違うかもしれませんが……。

山中　私が若い頃はみなさん子育てをしていたので、子どもを通じたお付き合いはありましたよ。女性はそうしたお付き合いをしていたと思います。当時は夏だとみんな玄関は開けっ放しでしたから、それなりのお付き合いはありました。

海老原　冷房もない時代でしたから、窓と玄関を開けっ放しにするといい風が通るんですよ。それだけみんな安心していたんですね。

大月　冷房が入るようになってからは、玄関は閉め切るようになっていきましたか。

大月敏雄氏

島田啓　うちは冷房があまり好きじゃないので、エアコンを入れた後もすだれをして玄関は開けていましたね。

洗濯物は白洋舎に

山中　入居したばかりの頃は洗濯物を干してはいけないことになっていたんです。白洋舎から袋を渡されて、それに洗濯物を入れておくと回収しに来てくれて、洗濯をして返してくれるようになっていました。有料なんですが、入居時の決まりごとだったみたいです。でも、子どもが生まれてからはそれどころではなくなりましたが。

大月　昭和三〇年代初期は東京のほかの高級物件も同じようなことをしていたようです。

山中　そうですか。テレビ番組でも、高級マンションとして取り上げられたことがあります。

島田勝　父からは、あと二〇－三〇万円出せば周辺の土地付きの家が買えたと聞きました。どうやら日本信販に友達がいたようで、頼まれて買ったんだと言っていました。最初の居住者にはかなり有名な人が多く住んでいたようですね。

松本　一九八二年の新聞では、浜口雄幸内閣で大蔵大臣を務めた井上準之助の子息、アジア銀行総裁の井上四郎、東海大学学長の松前重義、主婦連会長の奥むめを、民社党代議士の今澄勇などの名前が出ていました。

四谷コーポラス前の道路
提供＝新宿歴史博物館

洗濯機の導入

大月　昭和三〇年代の初めは洗濯機が普及しはじめた時代です。初めの頃は、洗濯物は白洋舎に出していたけれど、そのうちにそれぞれ自分の家で洗濯するようになっていったということでしょうか。

山中　そうですね。洗濯機が普及してからは白洋舎も来なくなりましたね。

大月　家で洗濯機を置く場所と洗濯物を干す場所は設計段階で考えられていましたか。

山中　洗濯機を置く場所は洗面台の脇にありましたよね。干す場所はベランダです。後からベランダに竿をつけて干していました。

志岐　一階のフラットタイプの住戸にはベランダはありませんね。そこの住人はどこに干していたかわかりますか。

島田啓　たぶん、一階だと庭に干していたんだと思います。規則が緩やかになり始めてからは、布団を干したりもしていました。

甲州街道を走る都電
提供＝新宿歴史博物館

竣工当時の周辺の建物

志岐　竣工当時、周辺には木造一戸建てがたくさん建っていたのでしょうか。

島田勝　そうですね、見晴らしはとても良かったです。五階から外堀公園が丸見えでした。小学生の私が公園から手を振っているところを父が家から八ミリフィルムで撮ってくれました。

島田啓　当時は近くを都電が通っていて、電車から手を振ると見えました。ちょうどいまの雪印のあたりが停留所でした。九段下のほうから登ってきて、電車が見えてから停留所に向かうとちょうど間に合ったのよ。

島田勝　現在の防衛省がある敷地も入居当時はまだ

米軍に接収されていましたし。子どもの頃に、一度門をくぐってやろうと思って行ったことがありますよ。守衛さんが笑いながら銃を向けてきた（笑）。

島田啓　三島由紀夫の演説（一九七〇年一一月二五日）も四谷コーポラスの共用廊下から見えたと言っていた人もいました。

山中　新宿のビル群が建つ前は富士山もちゃんと見えましたよね。

四谷コーポラスの呼び方

大月　みなさんは、四谷コーポラスのことを何と呼んでいましたか。

全員　「コーポラス」。

大月　いまではマンションという言葉が一般的ですが、集合住宅にマンションという名前がつくようになったのは昭和三五－三六年です。できたのはコーポラスのほうが早いですが、日本ではマンションという呼び名のほうが広がっていきました。当時はマンションとは呼んでいませんでしたか。

全員　呼んでなかったです。

島田勝　物心ついてから人に説明するときは「西洋長屋」と言っていました。そうじゃないと通じませんでした。

海老原　「コーポラス」には人々が一緒に住むという意味があるんですよね［編註：コーポラスの由来となったコーポラティブハウスの「コーポラティブ」には「助け合う」「共同所有」などの意味がある］。どちらかというと「四谷」という響きのほうが「いいわね」と言われることが多かったです。四谷は便利ですもの。

四谷見附橋（1960年頃）
提供＝新宿歴史博物館

日常の買い物

松本　日常の買い物はどこでしていましたか。

海老原　近くにスーパーもありましたし、新宿まで

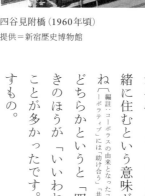

行けばデパートもありますから、買い物にはまったく困りませんでした。

島田啓　昔は坂を下がったところの坂町に商店街があって、そこですべてが揃いました。子どもを寝かせつけている間に買い物に行けたので便利でした。いまはなくなってしまって残念です。

島田勝　いまでは考えられないですが、入居したばかりの頃は御用聞きが来ていました。時間になると注文を取りに来てくれて、配達してくれていました。

海老原　私も覚えています。魚屋、肉屋、薬屋も来ていました。

女中・お手伝いさん

大月　四谷コーポラスには社会的ステータスの高い入居者が多かったと思いますが、女中さんやお手伝いさんがいるようなお宅もありましたか。

山中　うちは四谷コーポラスに引っ越してからはいませんでした。女中さんが住み込むには少し狭いんですよ。お手伝いさんをお願いしているところはあったと思うけど、その場合も通いが多かったんじゃないかしら。海老原さんのお宅には住み込みでいらっしゃいましたよね。

海老原　私の前に住んでいた方のところには住み込みのお手伝いさんがいたと聞いたことがあります。

志岐　どの部屋に住んでいたかは覚えていますか。

海老原　廊下側のお風呂場の隣の部屋だったと聞いています。

志岐　大きなお宅の場合は玄関脇に女中さんの部屋があった時代ですから、それが集合住宅の中ではど

坂町の店舗群
提供＝新宿歴史博物館

うなっていったのかなと思いまして。

海老原　だんだん難しくなりますよね。昔の人はそれでも我慢したけれど、そんな狭い部屋にいなければならないなんて、若い人は我慢できないと思いますよ。

周辺地域との付き合い

大月　ここで生まれ育った子どもたちは地元の小学校に通っていましたか。周辺地域との付き合いはあったのでしょうか。

島田勝　四谷自体が教育意識の高い方が多かったんだと思います。近所の第三小学校はもともと大蔵省の官舎の近くにあり、レベルが高いというので越境入学してくる子どもも多かったようです。新宿寄りの学校よりはこちらがいいと評判でした。

島田啓　新宿通りの向こう側、若葉町に住んでいる人はこちらの学校に来ることが多いですね。

島田勝　私は小学校五年生のときに北区から引っ越してきました。第三小学校へは行かず、そのまま北区の小学校に通い続けました。中学は四谷第一中学校に進みました。

志岐　レベルの高い公立学校が多いエリアだったんですね。町内会などの地元の活動にも参加していましたか。

島田啓　子どもたちはよくお祭りに行っていましたね。いまでも須賀神社周辺から大京町のあたりまで一緒にやっています。

大月　コーポラスの中だけでやる催し物はありましたか。

島田勝　覚えているのは消防訓練でしょうか。四谷コーポラスは五階までポンプで水を汲み上げているのですが、一階と四階に消火栓があります。火事が起きたらそこにホースを直接連結させて消火できるようになっている。それをテストがてら年に一回四谷消防署が来てデモンストレーションすることがあったのを記憶しています。

大月　いつ頃からやっていたのでしょうか。

山中　昭和四〇年代はやっていました。六〇年代以降はあやしいですね。

大月　そのほかに、住民同士のサークルのようなものはありましたか。みんなで何かするイベントのようなものは。

海老原　町会レベルではあっても、コーポラスとしてはありませんでした。

所有形態

松本　兄弟など親族同士で複数住居所有して住まわれている方は多いですか。

山中　いまは少ないですが、昔は数件ありました。

志岐　それは分譲されたときに買ったのか、途中から順々に買い足していったのか、どちらでしょうか。

山中　途中で空いたところを買うんです。ご近所さんから回る情報もあって、外に情報が出る前に内側で売れることが多い。

大月　売りに出たところを買うほかに、部屋の貸し借りはありましたか。子どもが受験勉強でもう一部屋借りるとか。

島田勝　うちは隣人に二六号室を貸していたことがあります。

大月　売買だけではなくて、ご近所さんに貸すこともあったんですね。

管理人室

大月　当時、管理人のことは何と呼んでいましたか。

山中　最初から「管理人さん」と呼んでいましたね。

大月　昔の管理人さんといまの管理人さんの仕事の違いはありますか。

海老原　昔は荷物が届くと管理人さんが預かってくれましたけど、いまは預かってくれませんね。

島田啓　例えば鍵を閉めて外出している間に子どもが帰ってきたときに、戻るまで子どもと遊んでくれたりしていました。

大月　子どもはお世話になっていたんですね。

山中　昔は管理人室の前を見知らぬ人が通ると「どちらに行かれるんですか」と聞いてくれて、パンフレットなどの投函はシャットアウトしてくれていましたよね。

島田勝　昔の管理人さんは管理人室の中にいないで、外に出てみんなに声をかけていました。そういえば草取りもしてくれていましたね。

大月　共用部の掃除はどうですか。

山中　それはいまも管理人さんが毎朝やってくれています。

改修時のトラブル

大月　長く住んでいると改装や改修をする住戸も出てくると思いますが、工事時に出る騒音については事前に隣近所に伝えていましたか。

島田啓　いまは管理人室の隣に掲示板があって、「○号室は○日から○日まで工事」といった告知を出すことになっています。

大月　おそらく最初はその知恵もなかったんでしょうね。どこかでトラブルがあって、周知のための方法を考えようとなったんだと思います。

島田啓　何かあれば直接言うのではなくて、管理人さんを通して伝えてもらうようにしていました。

大月　日本の集合住宅で一番多いトラブルは音です。音の問題はありましたか。

島田勝　一階の間仕切り壁はブロック積みで簡単に音が抜けるんですよ。電話の鳴る音や話し声も聞こえるくらい。

志岐　上下の音はどうですか。

島田勝　それはなかったです。天井裏に秘密の隠し場所にできるくらいの隙間があって、よほど子どもがドンドンしない限りは大丈夫でした。

志岐　団地ではピアノの練習時間が決められていたりしますが、そうしたルールはありましたか。

山中　ありましたね。夜八、九時頃までだった気がします。

管理組合で解決した問題

志岐　管理組合として一丸となって対応したような大きな出来事はありましたか。一般的には電気容量などが問題になることが多いですが。

山中　最初は二〇アンペアだったので途中で変えましたね。

大月　電気容量を変えるときは全住戸一斉でないとできないので、けっこう大変ではなかったですか。

山中　みんな困っていたので反対する人はいませんでしたよね。

島田勝　もうひとつは防衛庁ができたとき、電波対策が必要になったので無償でやってもらいました。

大月　ほかにマンションでよく問題になるのが上下水管の傷みによる取り替えですが、ここは配管の修繕はありましたか。

島田勝　よく水漏れのクレームが出ていました。管理組合で保険に入っていたのですが、水が漏れた下の住居はその保険で直せるけれど、上の住居の修理費は出ないんですよ。そこで修繕積立金から一定額を補助していました。

　下階への水漏れが頻発していたので、管理会社に配管修理・調査依頼をしました。設計図から上階の配管が下の階の玄関を通っていることがわかりました。上階の配管の取り換えには、下の階の玄関を壊すことが必要で、下の階には一時退去をお願いしなければならず、壊した天井の復旧修理は自己負担ですと言われました。配管の取り換え費用の見積もりをお願いしましたが、その後の保証責任を考えたのかもしれません、明らかに工事をやりたくなさそうな雰囲気でした。

耐震補強に関しても、新宿区から補助金を受けて耐震診断を行ない、補強費用の見積依頼をしました。この時もなかなか耐震補強工事費用の見積書をもらえませんでした。最終的には概算で見積金額を提示してもらいましたが、補強工事をしても第三者機関からの保証を得るには追加工事が発生するかもしれないという付帯条件でした。

工事業者からは、「この建物を何年延命するつもりですか」と言われました。これらの問題点は、臨時総会でていねいに説明し、その後は建替えに向かっていきました。

大月　建替えが最大のトピックになったのは島田さんが理事長だった時期だったんですね。今日はたいへん貴重なお話をうかがうことができました。ありがとうございました。

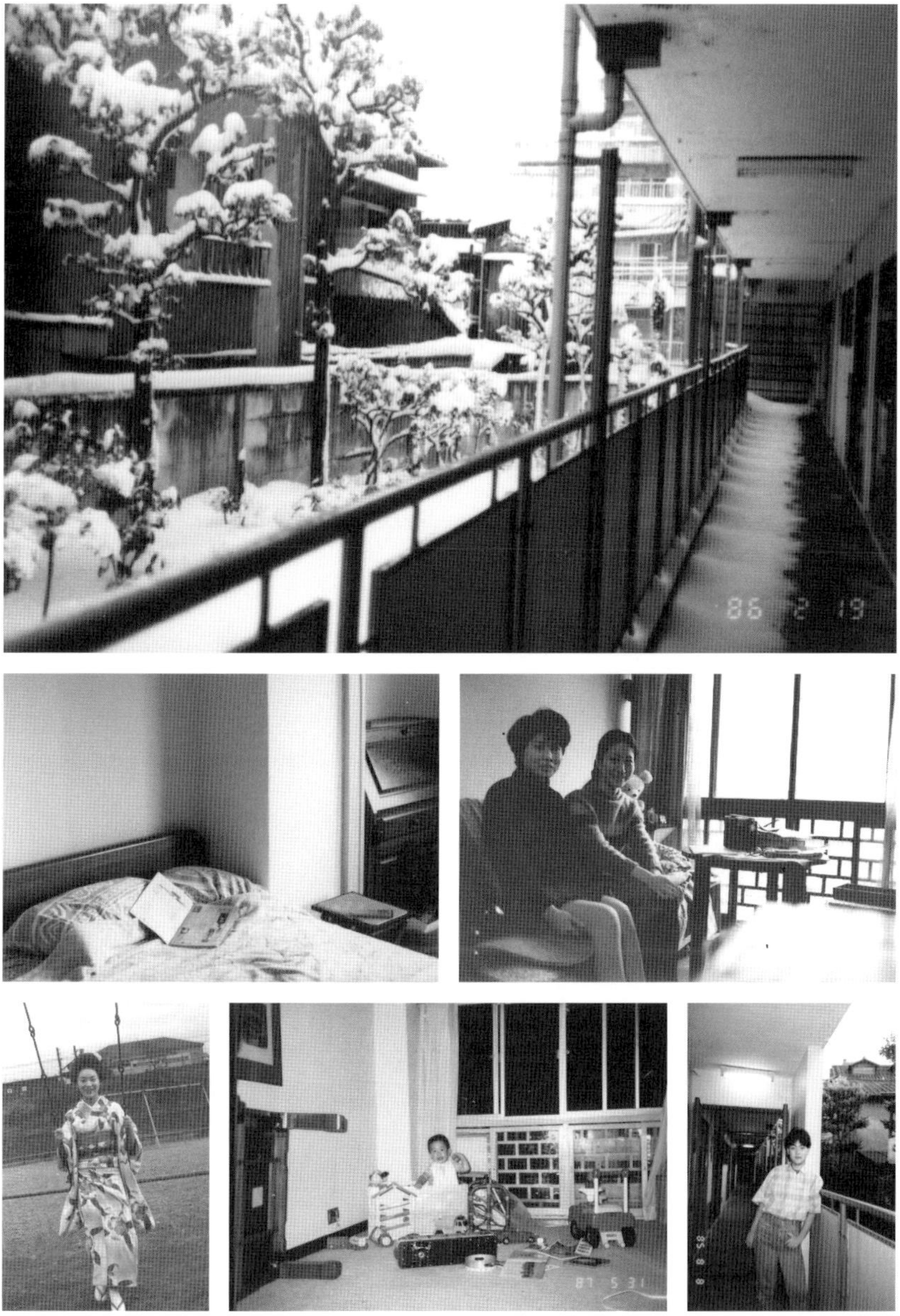

住民たちによる思い出の写真
提供＝四谷コーポラス建替え推進委員会

四谷——江戸時代からの良好な住宅地

岸本昌良＋島田勝八郎＋島田啓子＋志岐祐一

四谷の成り立ち

岸本昌良　四谷の中央を通る甲州街道を新宿方面に歩くと、街道の両側が下り坂で、甲州街道が尾根筋に走っていることがわかります。江戸時代以前、四谷周辺は「武蔵に続きたる荒野にてさせる家居もなく、わつか家四軒あり、梅屋木屋(今久保屋といふ)茶屋布屋の家のみあり、甲州往来旅人の休所なり」(『御府内備考巻六十一』)だったといいます。四谷は人家がほとんどない地域で、四軒しかないというので、「四ツ屋」と古くは表記されました。

甲州街道を皇居に向かって歩くと半蔵門にぶつかります。半蔵門は服部半蔵の屋敷がそばにあったので、その名を取って名付けられました。本能寺の変のときに、堺にいた徳川家康は急いで三河に帰ろうとしました。そのときすでに家康の配下にあった服部半蔵がお供し、途中の伊賀越えでは地侍の柘植氏が郷士多数を引き連れて家康を守り、その功により半蔵は昇進し、柘植氏は徳川の旗本となり、郷士も同心となりました。これがいわゆる伊賀者です。伊賀者たちも半蔵屋敷のそばに住んでいましたが、一六三五（寛永一二）年、江戸城整備の関係で御用地となり、四谷門外に替地となり伊賀町を形成しました（『新宿区町名誌』）。このように江戸城に関係の深い旗本御家人たちが四谷周辺に住むようになりました。

また、一六三七（寛永一四）年の島原の乱では、日本橋伝馬町の馬込勘解由らが伝馬御用に協力し、その褒美として四谷御門外の明地（空地）を拝領、四谷伝馬町を建設しました（『四谷町方書上』）。町人も集まり四谷の町が形成されていきました。つまり、四谷は江戸時代初期にできた新興住宅街なのです。一六五三（承応二）年には玉川上水が四谷大木戸まで通じて生活は便利になり、江戸後期、四谷は家々が立ち並び、立錐の余地もないありさまでした。明治になると、第一五代将軍徳川慶喜は静岡に移り、多くの旗本御家人も行動をともにしました。ただ、明治初期の四谷周辺は「人烟稠密市街繁盛ニシテ其景況昔日ニ異ルコトナシ其他藩邸士地ノ蹟ハ大抵寂寥タリ」（『東京府志料巻之四十六』）とあるように、武家の屋敷跡地はさびれましたが町屋は残り、四谷の繁栄は続きました（拙論「四谷の概観」『新宿区の民俗（二）――四谷地区篇』）。

四谷コーポラスの建っていた本塩町は、一九四三（昭和一八）年に市谷本村町、七軒町、塩町一丁目が合併して生まれました（『新宿区町名誌』）。そして、四谷コーポラスは旧塩町一丁目に位置していましたが、そのときの名称は、日本橋大伝馬町の馬込勘解由が四谷門外の地を賜わり四谷伝馬町を建設したときに、伝馬町の助役として日本橋大伝馬塩町に準じて四谷塩町と名付けられたものです。四谷コーポラスの前の道は市谷本村町との境界でした。一八七二（明治五）年、塩町一丁目は堀端通り土地と裏塩町北側土地および鳥羽藩邸を合併して生まれ、塩町一丁目には武家地が多くありました。一八四九（嘉永二）年の『四ッ谷絵図』をみると、周辺には武家屋敷が建ち並び、四谷コーポラスの該当しそうな場所には朝日忠四郎との名前があります。一八二二（文政五）年の『御府内沿革図書』には同じ場所に朝日八十五郎の名前があり、四谷御門外にいた五百石の旗本でした（『江戸幕府旗本人名事典』）。このように四谷コーポラスは武家屋敷の跡地に建てられたようです。

志岐　緩やかに下がっていく斜面地は、お互いの家の視線は気にならず陽当たりは確保できるので、おそらくいい住宅地だったろうと想像します。実際に、竣工当時の四谷コーポラスは周囲の建物と比べて背の高い建物だったので、外堀のほうまで見渡せたと聞きます。江戸時代から続く住宅地の、とてもいい場所に建っていたんですね。

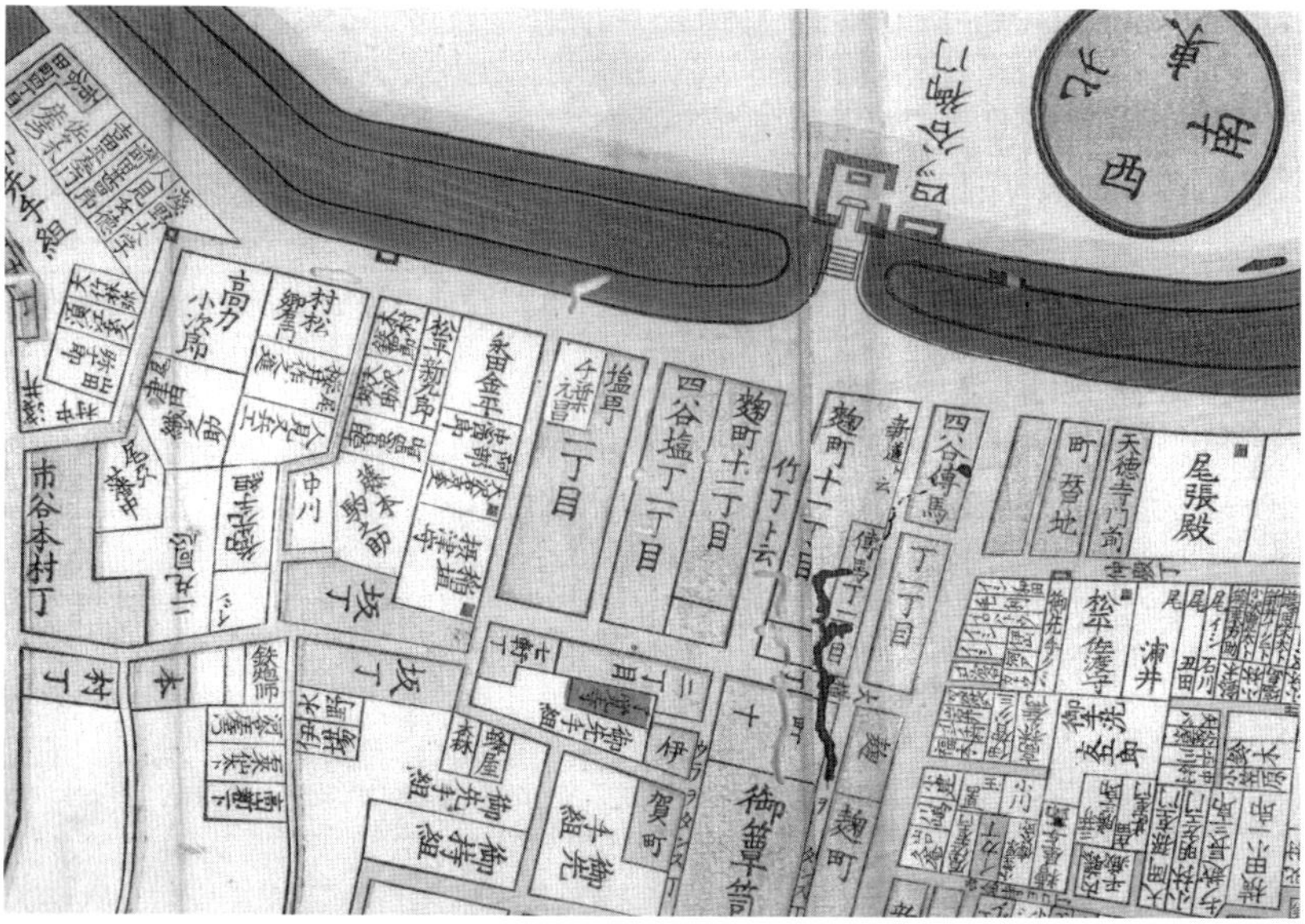

『四ッ谷絵図』、中央左の四谷コーポラスの敷地には朝日忠四郎の名前がある。
提供＝岸本昌良

管理契約書にみる住まい方の原型

岸本　一九五六（昭和三一）年、四谷コーポラスの販売と同時期に交わされた管理契約書をみると面白いことがいろいろ書いてあります。当初は他人への転売は禁止されていたようですね。

島田勝八郎　両親に聞くと、法人には売りたくないということがあったみたいです。会社が入ると人の出入りが多くなって騒がしくなりますし、事務所にしてはいけないという決まりもあったそうです。

岸本　管理契約書がまずできて、その後に管理組合規約ができたようですね。原型である管理契約書をみると、転売禁止のほかにも「住宅以外の目的に使用してはならない」などの記載があります。古いマンションでは、完成後に企業が入ることでコミュニティの性質が変わってしまうことがよくあります。住宅のまま四谷コーポラスが残ってきたのは、この最初の管理契約書の原初的な記憶が残っていたからかもしれません。

島田啓子　私の記憶にもあるので、昭和四〇年代にもそのような雰囲気は残っていたんだと思います。

岸本　私は大学で民俗学を教えています。民俗学の研究分野のなかに「村の決まり」というものがあります。滋賀県の今堀の村規約が一番古いといわれていますが、そこにも「他人を住まわせてはいけない」「勝手に売ってはいけない」などと書かれています。「犬、飼うべからず」というのもあります。管理契約書にも「他の入居者に対して迷惑、または危害をくわえるおそれのある家畜をなすこと」と書いてありました。この最初の原型が、村の決まりとも通じるところがあって、民俗学的にも興味深いところです。

志岐　賃貸集合住宅はその前からありましたが、民間による分譲は四谷コーポラスが初めてです。ですから、この管理契約書が突然つくられたというのは非常に不思議なもので、われわれも調べているところです。最初からこれほど完成度の高い規約が出てきているところがすごい。一方で、当時は同郷の人が東京に来ると居候させるという風習がまだ残っていた時代なので、契約書に書かれてはいるけれど、契約書通りではない状況もあったんだろうと思います。日本の住まいのルールとしてあったものが、はっきり明文化され始めた時期なのかなと思いました。

コミュニティの維持とスムースな建替え

岸本　今回の建替えも非常にスムースに進んだようですね。お互いがある程度顔見知りであったり、そうしたコミュニティが維持できていたからうまくいったのでしょうか。

志岐　一般的なマンションの建替えと比べるときわめてスムースですね。

島田勝　誰が売ったかはわからないのですが、知らないうちに法人が持っていたところが二つありました。しかしそれ以外は物置にしている住戸でもすべて持ち主をたどることができました。新宿区から、連絡が取れること自体が珍しいと驚かれましたね。

志岐　そうですよね。所有者が変わっていてわからないこともあるし、相続が発生していてたどれなくなっている場合もあります。

岸本　かつて新宿区役所がマンション調査をしたことがありますが、その際に連絡先がわからない小規模マンションが多くて困ったという話があります。四谷コーポラスは小規模ですが、管理人もいて窓口があったのも特徴のひとつでしょう。

志岐　最近のマンションだと管理人室を置かないことのほうが多いですね。そうなると、マンションに用事があっても、来た人はどこを訪ねたらいいかわからない。建物全体について誰に話をすればいいかわからないということは本当に多くあり、問題です。

ワンルームマンションだと特にわからないそうです。投資目的だとオーナーが別にいたりしますし、不動産屋もたくさん入っているので本当にどうしようもない。

管理組合による管理・運営

岸本　管理組合理事長さんが管理をしっかりやられていたとか。

島田勝　女性ですが、その方がかなり厳しく管理してくださっていました。

岸本　梶浦恒男『集合住宅を長持ちさせる方法――居住者の自治と早期対応が鍵』（彰国社、一九八六）に管理組合と理事長さんについて、次のような記述があります。「入居当初から全員で管理組合をつくり、規約を決めて、総会と理事会による運営を行ってきたそうだ。しかし、役員が毎年交代してしまうと管理の経過がわからなくなって思わしくないので、ある住人が一策を案じ、Kさんの奥さんに継続して理事長を続けていってくれないかと頼みにきたそうだ。奥さんはあれこれ考えたが、全員が賛成してくれるなら引き受けると返事をした。Kさん宅を除いた全居住者の総会が開かれ、全会一致で奥さんの理事長就任が決まり、それから二〇年近く理事長を続けているという」（一二頁）。理事長さんからは、具体的にはどのようなことについて厳しく言われていましたか。

島田啓　子どもが小さい頃は廊下を走るとよく怒られていましたね。怒られることはすべて道理が通っていることばかりでした。出前の器などは玄関の外に出してはいけない。靴を干すのもいけないと言われました。廊下は共用部なので、他人の目に触れるところに個人のものは出してはいけないと。

岸本　なるほど。コーポラスの写真を大学の民俗学のマンションに関する講義で見せています。学生から廊下がずいぶん綺麗ですねという声が上がります。

廊下にほとんど物が置かれていない。これまでに数カ所の集合住宅を調査しましたが、廊下にいろいろなものが置かれているところをみかけることがあります。廊下に荷物などが置かれていると印象が悪くなります。

島田啓　植木鉢もダメだったんですよ。それは見栄えということだけではなくて、火災が起きたときに危ないのでやめましょうという考え方でしたね。

岸本　廊下がすっきりしていることが、古いのに綺麗という評価につながるようです。管理が行き届いているのは、理事長さんが厳しかったことと、住民の皆さんがそれを受け入れてきたことが大きいのではないでしょうか。

島田啓　そうかもしれませんね。いつも理に適ったことをおっしゃっていたので。

建替え後の高い再取得率

岸本　建て替えた後に戻ってくる入居者も多いようですね。四谷コーポラスの住民の方で地元の本塩町会の役員をされている方もいるようで、地域とのつながりの深さを感じます。また、同じマンションに長く住んでいる方が多いと、コミュニティというと大げさかもしれませんが、住民同士お互いを知っている住み心地の良さがあったのだと思います。

きれいに片付けられた階段と共用廊下
撮影＝秋岡海平

志岐　やはり立地が絶妙ですよね。都心に近いのに大通りから一本内側に入っているから静かですし。理屈が通る話なら聞く耳を持っている方たちが入居しているから、こういう住まい方が続いてきたのだと思います。さきほど江戸時代の新興住宅地だとおっしゃったけれど、昔から非常に筋のいい住宅地だったんですね。江戸時代からの良い住宅地が、いまもずっと残っている。

島田啓　全員の仲がよかったかどうかはわかりませんが、子どもが小さい頃には誰か大人がひとりいれば二、三家族の子どもをまとめて面倒を見ていたり、それから廊下で一時間くらい親同士お喋りしたりすることはけっこうあったので、どういう人が何をしているかはだいたい知っていました。

岸本　あるまとまりのなかで顔見知りがいることは非常にいい状況ですよね。

志岐　コミュニティというと、みんなで仲良くわいわいやっていると思われがちですが、本当はそんなことはありません。立ち入りすぎず、お互いなんとなく知っていて、なかには嫌いな人もいるけれど挨拶はきちんとするという距離感ですよね。そのくらいの付き合いがあって、共同体が破綻しない程度の結び付きがあることが理想的なコミュニティで、それが建築的にも担保されていることが重要だと思います。

　もうひとつ重要なことは、四谷コーポラスは意外と一つひとつの部屋が広くて、時代が進んでもきちんとした暮らしができるような住宅だったことです。当時でメゾネットタイプが二三・三坪＝七七・〇平米、フラットタイプが一五・六坪＝五一・五平米七〇平米というのはかなり広い。家族用では三〇平米程度が一般的だった時代です。いまでは少し狭いかもしれませんが、当時としては広い高級マンションです。

岸本昌良氏

岸本　四谷コーポラスは民間による最初の分譲マン

ションですが、永住思考の入居者が多かったのは、建物のつくりがやはり影響しているのでしょう。

島田啓　一度住んでしまうと、この立地条件からは離れられないですね。子どもが小さい頃は家にいましたが、仕事を始めるようになると西に出かけていったり東に出かけていったり、どこに行くにもとても便利で、それが魅力でした。

島田勝　よそに移るとそれがわかりますよね。建替えのためにいま四谷四丁目に住んでいますが、大変ですね。道路に面していて騒音には困っています。

志岐　大通りから一本入っていて、交通の便はいいけれど静かな住宅地という性格は江戸時代から変わらずにきている。お話を聞くにつれ、素敵なコミュニティだなと思います。住居以外に使用しないという規約は、自分たちがきちんと暮らす環境を守るためのものだったと考えると筋が通りますね。建物の管理と暮らし方の知恵として、この本でも伝えていければと思います。

岸本昌良　きしもと・まさよし
一九五四年生まれ。東京都立大学で歴史学、駒澤大学大学院で民俗学を学ぶ。都市民俗を研究する。『都市民俗学へのいざないⅠ』（一九八九）で「町会と神社」を執筆。現在、非常勤講師として日本大学文理学部で歴史民俗学の講義を行なう。

3章 キーワード

◉洗濯機の普及

冷蔵庫や掃除機などの家庭用電化製品は、第二次世界大戦前にはすでに開発・販売が始まっていたが、当時それらは非常に高価なもので、普及するのは高度経済成長の頃である。洗濯機もそのひとつで、当然のごとく当時の住宅にはその置き場が考えられていなかった。新しい物好きの若い夫婦世帯が中心だった公団住宅では、浴室に置くと入浴時に洗い場が狭いし、すぐ脇の通路に置くと水漏れで下階の住民に迷惑をかける。それではとバルコニーに置いて台所からホースとコンセントをつないで使って一安心かと思いきや、排水時に泡立ち過ぎたシャボン玉がバルコニーにあふれて周りに迷惑をかけるなど、買ったはいいが置き場には苦労が絶えなかった。公団住宅に洗濯機置き場が確保され、水漏れ防止の洗濯機パンが備えられるようになるのはしばらく経ってからである。

当初、四谷コーポラスでは、洗濯物は白洋舎に出すというホテルのランドリーサービスのようなことが案内されていたが、居住者の話では下着類まで出している人は少なかったとのこと。ではどこで洗濯をしたかというと、メゾネット住戸の場合は、階段わきの通路に沿って腰まで人造石研ぎ出しのスペースがあり、洗面所とあわせてそこを利用したようだ。タライやバケツ、小さな洗濯機をおけるスペースもあった。また四谷コーポラスは、外堀通りに向いた東側は壁と同一面で木製サッシがはまる楚々とした外観であったが、浴室が面した西側にはバルコニーがあって、洗濯物などはそこに干していた。実際に調査してみると、外流しを付けた例や洗濯機を置いていた形跡が観察された。メゾネット住宅にすることで、片廊下形式でも大通りに面した表向きの表情と、生活サービスのためのバルコニーが両立でき、暮らしやすい住まいになっていたのだ。

（志岐祐一）

◉ステンレス流し台

清潔で錆びにくく、食器をぶつけても欠けにくいステンレス製の流し台が普及するのは、日本住宅公団が発足し一九五七年にプレス加工による量産化の成功以降のことである。それまでの台所はどのようなものだったかというと、関東大震災から間もない昭和初期の同潤会アパートでは、簡易な木製台の上に亜鉛合板を張った木製の舟の流しが使われていた。同潤会は設備完備をうたい文句にしていたが、実際に流し台のほか、調理台、蝿帳と呼ばれる食器食品の棚、炭櫃《びつ》、米櫃、ガス台、水道、ダストシュートを備えていた。同潤会アパートも時代が落ちついて設計がこなれてくるにしたがい、炭櫃や米櫃は調理台の下に組み込むようになり、流し台は人造石研ぎ出しに変わるなど完成度が上がっていった。四谷コーポラスの流し台はという

ステンレス製流し台に仕込まれた生ごみ捨て口
撮影＝秋岡海平

と、ステンレス製である。プレス加工による量産化以前の手作業で製作された時代のもので、なかなかの貴重品だ。注目すべきは流し台以外にもたくさんあって、まずはガス台、調理台、食器棚だけでなく、米櫃、排気ダクト、下駄箱、郵便受け、生ごみ捨て口にくわえ、玄関扉や窓、設備スペースの扉、排気口が組み込まれた鋼製の壁と、玄関から台所にかけてのつくり込みには迫力を感じる。ディテールも、吊戸棚の背面にうまく組み込まれた排気ダクトや、流し台の奥に明かり取りの窓まで連続してステンレスが張ってあり、その一部に生ごみ捨て口が仕込まれているところなど、創意工夫の跡があり、見どころ満載である。

（志岐祐一）

◉コーポラティブ

コーポラティブ住宅とは、組合を結成するなどして、建設事業・所有・管理運営を協同で行なう住宅の方式を指すが、協同のあり方には多くのバリエーションがあり、国によっても時代によっても異なっている。一般には、住宅組合が建物を所有・管理し、組合員が居住権（賃借権）を持つ方式を指すが、日本のコーポラティブ住宅は、建設事業は協同するが、区分所有法により所有は個々人に帰属しており、世界的にみると特殊な形態となっている。

現在につながるコーポラティブ住宅は、産業革命後の一九世紀ヨーロッパに始まり、第一次世界大戦後に広く普及していった。災害復興時に住宅を供給する手段としても多用されている。ちなみに、一般に日本初のコーポラティブといわれているのは、一九六八年のコーポラティブハウス千駄ヶ谷である。

アメリカの分譲集合住宅には、区分所有型のコンドミニアムと組合所有型のコーポラティブがある。そして、コーポラティブ住宅は、組合員を選別することができる中高所得者層を対象にしたものと、ヨーロッパの協同組合運動の流れを汲む低所得者向けの手ごろなものと、二つの流れがある。一九世紀後半には、召使いなどを必要としない自由な暮らしが可能で、家計にも負担が少ない住宅として、富裕層を対象にニューヨークなどで供給された。その後、第一次大戦後から世界恐慌までの間には、中高所得者向けと賃金労働者向けの双方が普及した。さらに、一九五〇年の住宅法によりモーゲージ(担保、抵当権)の公的保証を行なうことで資金調達が容易になり、中堅所得者向けのコーポラティブ住宅が発展する契機となった。
　四谷コーポラスの企画時は、アメリカにおいていくつものコーポラティブ住宅プロジェクトが行なわれている時期と重なる。アメリカ大使館がコーポラティブ住宅を紹介した背景にもこうした状況があったのではないだろうか。

(松本真澄)

フォトアーカイブス2

写真＝秋岡海平

1号室と21号室をひとつの部屋に改修した住戸（1＋21号室）のダイニング。木材を使い全面的にインテリアを改装している

1＋21号室の寝室

メゾネットタイプ33号室下階の仕事部屋

メゾネットタイプ33号室の上階。キッチンと玄関、右手前には下階に降りる階段

メゾネットタイプ33号室上階のリビング

メゾネットタイプ26号室の下階。玄関からキッチンと上階に昇る階段を見る

メゾネットタイプ26号室上階の二間続きの和室。柱の奥行きを利用して縁側をつくっている

階段のバリエーション。コンクリートの重厚なデザインと、鉄骨と木製踏み板による軽快なデザインの二通りがある

フラットタイプ住戸のトイレ。下半分に人造石研ぎ出しの仕上げが残る

メゾネットタイプ28号室上階の浴室横の手洗い場

1＋21号室のキッチンと玄関

4章

建替えまで

戦後マンションの建替え

志岐祐一

集合住宅の寿命と建替え

日本では集合住宅の寿命はだいたい七〇―一〇〇年とされる。最近では二〇〇年を目標とするものも現われているが、天寿をまっとうせずに建て替えられる事例も多い。その建替えはどのように行なわれるのだろうか。

建替えの決定は基本的に所有者によって行なわれる。賃貸の場合は所有者である大家の意思による。例えば入居率が下がってきた場合、建て替えることで設備なども新しくなれば入居者も増え、家賃も上げられ、ついでに部屋数も多くしてより収益も上げようなどと考えると、建物ができてからさほど年月が経っていなくても建替えが行なわれる。実際は、現在の入居者に対しての配慮が必要になるが、建替えをするか否かは大家の考えひとつで決められる。しかし分譲の場合は、所有者が複数いるわけで、まずはその合意形成が大きなハードルとなる。合意形成にかかる時間が集合住宅の寿命を定めると言ってもよいだろう。

建替えの歴史

建替えの初期の事例としては、一九七五（昭和五〇）年に建て替えられた宇田川住宅がある。一九五六（昭和三一）年に日本住宅公団が供給した九〇戸の団地だったが、渋谷の街なかということもあり、築後二〇年足らずで二七三戸の集合住宅になった。ついで一九八三（昭和五八）年に建て替えられたのは、東京都住宅供給公社景丘住宅。これも恵比寿駅至近という立地から、築三〇年で二四戸から七九戸と戸数は約三倍になった。どちらも都心の好立地で需要が見込まれたことから合意形成がなされ、「建物の区分所有等に関する法」（区分所有法）のもとで、余剰の容積を住宅にして売ることで新しい住まいを手に入れる、任意建替えが行なわれた。

戦前に建てられた同潤会アパートは、多くが完成から約七〇年の二〇〇〇年前後に建て替えられた。同潤会アパートは当初賃貸であったが、戦後ほとんどが居住者に払い下げられた。集合住宅黎明期の住まいの理想像を具現化したデザインと、住民の生活感あふれる住みこなしが魅力で保存の試みもあったが、戦中戦後の混乱や不十分な戦災復旧で修繕管理が行き届かず、その後の増改築、経年による権利の複雑化などにより自力で住環境を保つことができず立ち行かなくなって、多くは再開発事業により建て替えられた。同潤会の職員が居住者となったことで、よくメンテナンスされ増改築も抑えられた上野下アパートが最後まで残ったのも、集合住宅の寿命を延ばすには管理が重要であることを物語っている。

二〇〇〇（平成一二）年には「マンションの管理の適正化の推進に関する法律」（マン管法）ができ、「管理組合や各区分所有者が応分の負担と協力」（第四条）をしながら、マンション管理の健全化や修繕への備えなど、みんなで管理問題を考えていこうという時代になった。

建替えの手順、そして困難

建替えは居住者、権利者の意見がまとまらないと実現しない。しかし建替え合意の先にもいくつものハードルがある。一九九五（平成七）年の阪神淡路大震災では、分譲マンションが被災し建替えを迫られるなか、たとえ区分所有法による建替え決議が可決しても、建替え事業を進める主体のほか、建替えには参加するものの再建には協力しない区分所有者の存在により、被災マンションの建替えが進まない事例が生じた。そこで二〇〇二（平成一四）年に「マンションの建替えの円滑化等に関する法律」（円滑化法）が定められ、区分所有者と議決権の五分の四以上により建替え決議をしたマンションは、都道府県知事等の認可を受けて法人格のある建替組合を設立し、この建替組合が主体となって建替えを進めるとともに、権利変換計画にかかる組合の決議と都道府県知事等の認可により建替え事業を円滑に進めることができるようになった。円滑化法により数々のハードルが下がったことで、規模が大きくても潜在的需要があった団地では建替えが進んだ。広い敷地に中低層の住棟が数棟建つ団地は容積に余裕があるため合意がされやすく、多摩ニュータウン諏訪二丁目団地〔一九七一年竣工：六四〇戸→二〇一三年建替え：一二四九戸〕や桜上水団地〔一九六五年竣工：四〇四戸→二〇一五年建替え：八七八戸〕など大規模マンション群に建て替わった。また宮益坂ビルディング〔一九五三年竣工：住宅七〇戸、店舗・事務所四四戸→二〇一九竣工予定：住宅一五二戸、店舗・事務所三五戸〕のように、都市部に建つ店舗や事務所が併設された集合住宅の建替えも動き出している。

今後増加するマンション建替え

日本は地震国である。一九二三〔大正一二〕年の関東大震災の復興住宅として建てられた同潤会アパートは、耐震耐火性能を重視してRC造でつくられた。しかしその後の戦争により耐震基準そのものが引き下げられ、集合住宅に限らず建築の耐震性は著しく低いものになった。この基準は戦後にも引き継がれたが、大きな地震のたびに見直しが行なわれて一九八一〔昭和五六〕によようやく現行の耐震基準となった。いわゆる新耐震である。それ以前のものは旧耐震と呼ばれるが、阪神淡路大震災の被災マンションの多くがこの旧耐震であったことから、全国に約一〇四万戸ある旧耐震の集合住宅の多くが耐震性不足とみられている。そのため耐震性に劣る集合住宅の建替えを促進するため円滑化法は二〇一四（平成二六）年に「マンションの建替え等の円滑化に関する法律」（「円滑化等」から「建替え等」に）へと名前を変えて、マンション敷地の売却や容積率緩和の特例などが盛り込まれた。

一方、賃貸の集合住宅はというと一九五五（昭和三〇）年に設立し団地や集合住宅の建設をリードしてきた日本住宅公団（現・UR都市機構）は、昭和三〇年代団地の建替えを一九九〇年代から着手し、現在ではほぼ終えている。都営や県営などの公営住宅も順次古いものから建替えが進んでいる。どちらもつくられた当時は新しい設備を備えたものであったが、その後の老朽化や、技術や設備水準の著しい向上に改善や改修では追いつかなくなり、新しい入居者に向けて建替えが進められている。

以上のように、マンションの建替えを眺めてみると、任意建替えや再開発に円滑化法もくわわって確実に増加してはいるものの、建替えが実現したのはごく一部である。老朽化や耐震性の向上が求められ適齢期を迎えつつあるマンションの多くは、条件が合わず合意形成が図れないため管理や修繕を行ない、住まいとしての寿命を延ばす取り組みが行なわれている。定期借地権付きコーポラティブハウスとしてリノベーションを果たした求道学舎（武田五一設計、一九二六年竣工→二〇〇四年再生）のような事例はでてきているもののごく稀であり、多くのマンションはそう遠くない将来、建替えという避けては通れない現実と向き合うことになるのである。

建替え——四谷コーポラスの場合

四谷コーポラスでも築後三〇年が過ぎたの平成元年頃から、居住者のあいだで建替えが話題に上がり始めた。一番のきっかけは、建築設備の老朽化。特に排水管の水漏れであった。台所や洗面、風呂場の排水管はレイアウト上どうしても横方向の配管が必要になる。現在、特に分譲ではメンテナンスや将来のリフォームへの対応として専用部分であるコンクリートの床上で配管を引き回す。その分、床下の懐《ふところ》寸法が必要になり、結果として階高が高くなって建設コストがかかったり、積もり積もると高さ制限の下では階数が取れなくなる。そこで階高を抑えるため賃貸や古い集合住宅では、鉄筋コンクリートの床を貫通してその下で横方向に配管を引く、つまり下の住戸の天井裏に配管がある状態が生まれる。四谷コーポラスの場合は、玄関脇の縦配管に接続するため横配管が丁度玄関の真上を横断するレイアウトだった。このため水漏れへの対策をするには下階にある玄関に影響を与える工事が必要で、場合によっては住戸への出入りができなくなる場合があった。工事会社としても気が進まないのか、ずいぶんと高い見積もりになったそうだ。

このようなことがたびたび起こるのでは困ると、二〇〇六(平成一八)年に再生の検討が始まる。二〇一一(平成二三)年の東日本大震災を受けて、二〇一三年には新宿区の補助金を活用して耐震診断を行なった。黒四ダムをつくった佐藤工業のRC造だから頑丈だと思っていた居住者もいたが、旧耐震の建物のため結果はやはりNGだった。耐震補強をするにも工事費の見積もりを取ると八〇〇〇万から二億八〇〇〇万円かかるということで、再生検討委員会をつくり、建替えの議論が本格化することになった。話を聞く限りでは、四谷コーポラスは居住者同士コミュニケーションがとれ、建替えに至る議論も比較的スムースに運んだようだ。未利用容積は多くないが、ほかの建替え事例に比べて居住者個人の資金力もある。そんな好条件だったが、話はまとまらない。総論は賛成だが、居住者の再生検討委員会では個々の事情を解きほぐすことができなかったのだ。では建替えはどうしてまとまったのか。

ここで運命的な二人が登場する。元・信販コーポラス社員の川上龍雄氏と建築家の東泰規氏である。川上氏は、四谷コーポラスの生みの親である日本信販に勤め、昭和四〇年代にコーポラスシリーズや宅地開発を手掛けたのちコンサルタントとして独立。二〇一四(平成二六)年に建替え事業のパートナーとしてくわわった。建替えのコンサルタントは初めてだったが、宅地開発の経験を活かして、居住者個々の問題にていねいに向き合った。東氏は、坂倉建築研究所東京事務所長を経て独立。坂倉事務所はル・コルビュジエの弟子である坂倉準三がはじめ、坂倉の没後も優れたデザインの建築を数多く世に送り出している設計事務所である。だが東氏は、居住者の意向をまとめるためまずはデザインよりも容積をいかに稼ぐかのスタディに取り組んだ。居住者にとっては、なによりも建替えにどれぐらいの費用がかかり、建替え後はどのような住宅に住むことになるかが重要で、その基礎となる建物を把握することが必要であった。もちろん、建替え事業の方向性が見えてからは、四谷コーポラスの特徴であるメゾネットを建替えの計画案へ反映することを試みるなど、四谷コーポラスのレガシーをいかに受け継ぐかに取り組んでいった。

この二人のサポートによって居住者主体の建替え計画は大きく進んだ。その後、九社のヒアリングと提案を経て、二〇一六(平成二八)年に旭化成不動産レジデンスが事業者に決定する。建替え時の移転先の手当てなど細やかな対応が決め手となったと聞く。集合住宅の建替えは、単に建物のつくり替えだけではなく、さまざまなライフステージにある居住者の生活を、一時的に移動させて、また戻す行為である。住民の建替えに対する不安は、建物のデザインや部屋の大きさだけでなく、そのような暮らしの変化の見通しが立たないことへの不安でもある。その不安を解消するていねいさが最大限に求められるのである。

四谷コーポラス建替えにおける合意形成

川上龍雄（元・信販コーポラス）　聞き手＝大月敏雄＋志岐祐一

志岐祐一　外部のコンサルタントが入らず、住民の間で建て替えのための議論がなかなか具体的に進まなかったところに、一昨年（二〇一五年）から川上さんが間に入って住民一人ひとりからていねいに情報収集され、説得されていったと聞いています。まず、川上さんはこの件をどのようにお知りになったのでしょうか。

川上龍雄　友人を介してたまたま住民のひとりとつながり、相談を受けました。四谷コーポラスは、昔勤めていた会社の信販コーポラスがつくったマンションで思い入れがあったので、ぜひ話を聞きたいと思いました。私が勤めていた時代は信販コーポラスの全盛期で、いろいろ良い仕事もさせてもらいました。人間関係もそこでつくって独立したので、いまでも信販コーポラスと、のちの日本開発を愛しています。

志岐　今回、住民の方々とはどのように話を進めていったのでしょうか。

川上　築六一年になる建物ですから、間に東日本大震災もありましたし、過去に何度か建替えの話は出ていたようです。全体で二八戸と比較的小さいマンションなので、これまでの経験から「これはいけるな」という見込みはありました。個人的な関係からの話でしたから、まずは商売ではなくお手伝いをしようという感覚で取り組みました。

宅地造成の経験から学んだ合意形成のノウハウ

志岐　川上さんの普段のお仕事は建替え相談が専門というわけではありませんよね。

川上　ええ、合意形成が専門というわけではありません。ただ、信販コーポラスに入社して以来ずっと不動産をやってきて、現在も現役です。不動産のことなら、法的な問題から理解している自負はありました。

信販コーポラスではまず開発部に勤務しました。当時はマンションよりも宅地造成が盛んな時代で、地方の住宅地の用地取得を行なう課に配属されました。そこが自分の性格と非常に合っていて、用地買収にいそしみました。当時はひとりですべてをやる必要がありました。土地も買う、申請もする、設計事務所とも打ち合わせをする。そして販売だけを販売課に回すという仕事でした。一九六六(昭和四一)年一一月に入社して、翌年の夏頃には大きなプロジェクトを任されていました。一九六九(昭和四四)年に宅地造成からマンションの担当に変わり、神宮前コーポラスなどを担当しました。

神宮前コーポラスでは、神宮前にある長泉寺という寺の境内地に、等価交換でマンションをつくりました。お寺との等価交換という発想も当時の日本では初めてだったと思います。借地権付きの分譲マンションです。一階に庫裏、二階に住職邸をつくり、二階の一部と三階の一部をお寺の持ち分の賃貸物件にして、それより上を信販コーポラス分とするということで話をまとめ、大林組に設計施工をお願いしました。それこそ設計の段階から寺との交渉、販売から建築工事の竣工まで私が担当しました。このときにマンションの用地取得から販売までの流れをすべて経験しました。

大月敏雄　それ以前には借地権付きのマンションというものはなかったのですか。

川上　まったくそういう発想はなかったと思います。地代が管理費のほかに発生するわけです。お寺と契約書をつくる場合でも、弁護士さんにそういう経験がないからこちらで案を出して、弁護士さんが逆にそれを聞きながら契約書をつくったりもしました。

川上龍雄氏

その発想に抵抗なく入っていけたのは、宅地造成をやっていた経験が大きく影響していると思います。用地の宅地はなかなか全面買収できないわけです。真ん中に売らない人が一人いるときに、その人をどうやって説得するか。真ん中が抜けると敷地に穴があいてしまう。それでは困るので、なんとか協力してほしいと土下座でお願いするわけですが、その時にある発想をしました。あなたの土地はここに残すから、その代わりに造成には協力して欲しいと。そういう説得をするわけです。それを、われわれは「造成協力」と名付けました。とにかく造成に協力してもらうという発想です。その発想があったので、「借地権の分譲マンションも別におかしくないんじゃないか」という考え方ができた。お寺さんの場合、土地を売却することはたいへん難しいですから、お借りする以外に方法がなかったのです。

志岐　そういうお仕事をされてきたから、今回も専門的な立場でいろいろなお話ができたわけですね。

川上　そう考えれば今回の二八戸を説得するのも同じです。買うわけではないから、「どうされますか？　戻ってこられますか？　それとも売られますか？」という話をしていくしかない。例えば、「このままで良いんですか？　地震がきたら怖いですよ？」という話をしていくと、「この歳で引越すのは大変ですから」という話になるので、そうなればお手伝いできることが出てきます。ひとつずつその人が心配していることをお聞きして、それに対して答えを用意してあげて解決していきます。

　大きな会合で「賛成ですか？　反対ですか？」とやってもダメなんです。ひとりずつ面談して、どのくらいお金がかかるのか、そのお金が出せるのかどうか、そういうことまで聞かなきゃいけないわけですよ。それを聞けば、「面積は小さくしてなるべくお金がかからないようにしましょう」とか、「年金の範囲内で管理できるサイズにしましょう」といった提案ができるようになる。

志岐祐一氏

地権者のプライドと高い再取得率

志岐　四谷コーポラスにはメゾネットや、それによって風が通り抜ける東西の窓があるなど、今のマンションにはなかなかない要素があります。そうした要素を評価していた住人はいらっしゃいましたか。

川上　意外かもしれませんが、メゾネットにこだわった方はいらっしゃいませんでしたね。メゾネットは当時としては斬新でも、住むとやっぱり不便なんですよ。面積も損をしているわけですから。歳をとるとメゾネットはつらいですし、家具の搬入も最近の家電だと入らないとか、いろいろな問題が出てきます。

志岐　メゾネット以外でもかまいませんが、長年住み慣れた四谷コーポラスの気に入っているところに関する会話はありましたか。

川上　特に今住んでいる建物に執着されているというよりは、どちらかというと四ツ谷駅から近い立地をメリットと考えている住人が多かったですね。あとは親の代から受け継いでいる方々がいらっしゃいますから、プライドがあるんですね。当時このマンションを買うことができた人はかなりの資産家だったと思います。当時の上流階級の方のお子さんだったわけです。そういう意味で、皆さんプライドがあるということは感じました。ですから、どうしてもまたここに戻りたいという方が多い。私もこれほど多くの方が戻ってくることは想像しませんでした。約九割の再取得率です。

大月　もともとの面積に対して無償で取得できる建替え後の面積はどのくらいになりますか。

川上　七－八割から、小さいところだと半分くらいになるところもあります。

大月　それでも九割戻ってくるのはすごいですね。

川上　再取得率が高いのは、事業としてはやりにくい面もあるのが事実です。デベロッパーさんが乗ってきづらい。売却する道もあることは伝えても、皆さんここに残りたいようでした。

志岐　皆さん、立地と、親の代からここに住んでいるというプライドで離れたくないとおっしゃるんですね。

川上　ほかのマンションに買い替えることを検討された方もいましたが、当時中古マンションも高騰していましたし、いろいろと比較検討されて、やはり四谷コーポラスを再購入するほうがよいと判断されたようです。結果ほとんどの方が戻ってくるということで、大手デベロッパーは消極的になってしまいました。そこをなんとか引き受けてもらわないと困りますし、極力大きなデベロッパーに引き受けてもらいたいとは思っていました。

志岐　容積的にそれほど大きくないので、余剰床もそれほどないわけですね。

川上　いま、古いマンションの建替えでは容積緩和があると言われていますが、じつは道路斜線や日影規制が邪魔をして恩恵が受けられない状況です。今回の土地の欠点は日影でした。日影規制が邪魔をしてせっかくの容積緩和を受けられなかった。この状況はやはりおかしいんですよ。新宿区には特にそうした日影規制が邪魔をする土地が多い。これは行政がこれから考えていくべき問題ですね。

大月　耐震改修で建て替える際も同じですね。ですが、都心にマンションが乱立した結果、マンション問題＝日照問題となって、日影斜線が制度化された経緯もあります。

川上　そうですね。一九七〇年代に中高層マンションが建設されるようになり、日照権訴訟があちこちで起きるようになって設けられた日影規制ではありますが、やはり時代に沿って変えていく必要があるんじゃないでしょうか。そうしていかないとマンションの建替えはなかなか進まない。そこに残りたい地権者がいても、容積が増えないと地権者の負担が大きくなるから戻れない＝建替えができないということになる。

志岐　そういう意味で四谷コーポラスの住人の皆さんは、持ち出しでもいいからここに住みたい、なんなら建替えをしたいと思ったということですね。

川上　やはり資産がおありだったんですよ。所有者の方々の資金力がほかの物件とはまったく違いました。物件のなかに抵当権のあるものがほとんどなかった。これは本当にやりやすいんですよ。特に高齢者は、借入金が残っていると再取得するのが難しいケースが多くなります。しかし、四谷コーポラスの場合は、その高齢者が資産を持っていましたし、お子さんと共有名義にすることで資金調達が容易になるケースもありました。これらのことは、合意形成が難しくならなかった大きな理由です。

志岐　将来的にどんどん容積が増えるわけではありませんから、余剰容積による資金調達をあてにしてはいけません。住み続けるためには集合住宅でも戸建て住宅と同じように修繕や建替えの費用を持っていないといけないということですね。

川上　四谷コーポラスの完成以降、都内はもちろん全国で次々とマンションが建設・分譲されてきました。いままさに、それらの旧耐震基準のマンション建替えの時期がきています。しかし、これらのマンションの建替え計画はけっしてスムースに進んではいません。マンションを所有し居住している方々が、建替え計画に賛同できるようにするためには、まずは金銭負担を軽減することです。私は、建替え事業において合意形成が少しでもスムースに進捗し、事業自体を成功に導くには、真に有効な規制緩和（道路斜線、日影規制の緩和や撤廃）が必要だと思います。

川上龍雄　かわかみ・たつお
一九六六年、信販コーポラス株式会社（一九六八年日本開発株式会社に商号変更）入社。宅地造成やマンション事業に関わり、神宮前コーポラス（一九七〇）などを担当。現在、株式会社トウザイコーポレーション取締役会長。

建替えの合意形成と組合の活動

花房奈々（旭化成不動産レジデンス、マンション建替え研究所）

四谷コーポラスの特徴は、区分所有者の入れ替わりが少なく、相続が発生してもそのまま親族が引き継いで所有してきた区分所有者が多かったことである。私は、そうした区分所有者の皆様と接するなかで、住民同士のコミュニティや人のつながりが強いという印象を受けた。そのような皆様を不安にさせず、「建替えをしてよかった」と満足していただきたいという思いで事業に取り組み、今日に至っている。

二〇一一年三月の東日本大震災は、四谷コーポラス竣工後五五年目に発生した。以前から潜在的には建替えの話もあったようだが、この地震をきっかけに「地震が怖い」という声が上がる一方、「この地震で倒れなかったのだから、まだ大丈夫」という意見も聞かれたことから、二〇一三年に新宿区の耐震助成金を活用して耐震診断を行なった。結果的にはこの耐震診断を行なったことが、建物再生の気運が高まるきっかけとなった。建物調査をし、耐震性を数値化して建物の現状（鉄部の錆や劣化具合等）を目に見えるかたちで区分所有者に示したことで、建物再生の検討が現実的なものとなった。また、修繕を必要とするトラブルが増えたにもかかわらずメゾネットという特殊な構造からメンテナンスが難しかったということも、管理組合が主体となって再生の検討を始める一因となった。

二〇一四年に再生検討委員会が発足し、説明会やアンケートを実施しながら、建物再生（耐震化、建替え等）の検討が進められた。再生検討委員会発足当初、旭化成のマンション建替え研究所に相談をいただいたことから建替え計画の提案を行なったが、すぐには事業協力者の選定に至らず、その後も委員会に対し継続的に情報発信を続けた。

その後、建物再生の基本方針が建替えの方向へと進み、二〇一五年には再生検討委員会が建替え検討委員会へと名称変更された。役員が中心となり、組合員が協力するなかで事業協力者を選定するステップへと進み、二〇一六年秋、いよいよ事業協力者のコンペが行なわれることとなった。

そのときのコンペ要項には、個々人の具体的な要望を前提とした取得面積や経済条件等の提案、早期に建替えを実現するためのスケジュール提案など、区分所有者が特に重視すべき項目にくわえ、歴史ある四谷コーポラスのDNA承継についての取り組み提案といった項目も見られ、そこに込められた区分所有者の皆様の熱い思いが感じられた。

これを受けて当社は、できるだけ具体的な経済条件やスケジュール等の提案・プレゼンテーションを行なった。また、これまで経験してきた数多くのマンション建替え実績や、計画段階だけでなく引越しや仮住まい期間までカバーできる高齢区分所有者フォロー体制など、マンション建替え事業における当社ならではの強みについてもお伝えし、一一月の総会で選定いただくことができた。

ここから、当社の合意形成活動が始まった。

四谷コーポラスは総戸数二八戸、区分所有者数は二四名ほど。これまで当社が経験したマンション建替えのなかでは比較的小規模といえるマンションだったので、区分所有者の皆様一人ひとりの思いをできるだけ実現し、事業全体をスムースに進めることを目標に取り組み始めた。すぐに個別面談会を実施し、二―三週間のうちに全区分所有者と面談することができた。個々にヒアリングするなかで、プランに関する要望のほか、「早期に建替えを実現したい」「取得するか転出するか迷っている」「税金はどのくらいかかるか」「いまから仮住まいのことが心配だ」「賃貸するとしたら……」「完成後に売却するとしたら……」とさまざまな相談があった。その一つひとつにていねいに回答し、コミュニケーションを重ねるなかで、信頼関係を築けてきたと実感している。

事業協力者に選定されてから二カ月後には建替え決議の招集通知が発送された。決議の日まで、プランや資金面のご相談など、気がかりなことがあればお会いして打ち合わせを行ない、不安の解消に努めた。その結果、建替え決議総会当日は多くの区分所有者が出席し、九割超の賛成により決議は成立。その後、最終的には全員合意に至った。参加された区分所有者は、いよいよこれから建替えが始まる、という前向きな雰囲気で盛り上がった。短期間で早期のスケジュールを実現することを求められていたため、私は、決議が成立して安堵するとともに、次のステップに進まなければと、気持ちを引き締めたことを覚えている。

建替え決議成立後のステップとして、建替え後の住戸を取得するか、取得せずに転出するかを区分所有者の皆様に判断いただいたところ、約九割というきわめて多くの方が再取得を希望された。再取得希望者には、総戸数五一戸のなかから取得住戸を選んでいただくこととなる。当初から個々のご要望をうかがって設計していたものの、具体的な設計案と価格表を目の前にするとやはりどの住戸にするか悩む方も多く、また、お互いの希望が重なる場合などにはほかの区分所有者のご意向を尊重しながら検討する人も多かった。

結果的に、四谷コーポラスの建替え事業は、当社参画から建替え決議まで約五カ月という異例の速さで進んだ。この要因は、個別面談会を早く実施できたこと、区分所有者が協力的であったこともあるが、何より昔から育まれてきた住民同士のコミュニティや人のつながりの強さであり、それぞれの区分所有者が抱き続けてきた四谷コーポラスへの熱い思いであった。私のなかにも、引越しの時に高齢の方の荷物運びを手伝う若い方の姿や、解体前に建物の至る所で記念撮影をしている皆様の姿が強く印象に残っている。

二〇一九年の竣工まで、皆様の個々の家づくりを引き続きサポートしていきたい。

5章

再生へ

旭化成のマンション建替え事業

大木祐悟（旭化成不動産レジデンス、マンション建替え研究所）

旭化成は一九七二（昭和四七）年から戸建注文住宅「ヘーベルハウス」の販売を開始し、施主やその家族の夢や要望を間取りというひとつのかたちにまとめる仕事を続けてきた。その戸建住宅の仕事を通して培ってきたスキルやノウハウを生かせる新たな事業のひとつとして、マンション建替え事業にも取り組んでいる。その第一号が同潤会江戸川アパートメントの建替えであった。

同潤会江戸川アパートメントでの経験

二〇〇二（平成一四）年三月二三日、同潤会江戸川アパートメント（一九三四年竣工。以下、江戸川アパート）の建替え決議が可決された。旭化成不動産レジデンス（以下、旭化成）が建替え事業のパートナーに選定されてから一年強のことである。江戸川アパートはその時点で建物の老朽化が著しく、また原因は不明ながら二棟のうち一棟が傾いており、建替えが必要なことは誰の目にも明らかだった。しかし一方で、それまで足掛け三〇年にわたり建替えの検討を進めながら、さまざまな要因から実現できずにいた。

その後、建替えに参加する区分所有者と旭化成との間で着工に向けさまざまな事項を詰めたうえで、建替え決議から一年三カ月ほど経過した二〇〇三年七月から既存の建物解体工事を始め、二〇〇五年五月に再建後のマンションが竣工した。

上：建替え前の江戸川アパート
下：建替え後の江戸川アパート
提供＝旭化成不動産レジデンス

江戸川アパートの建替え決議の後、同じ二〇〇二年に建物の区分所有等に関わる法律（以下、区分所有法）が改正され、マンションの建替えの円滑化等に関する法律（以下、円滑化法）も制定されたことなどから、マンションの建替えが社会問題として大きく取り上げられるようになった〔江戸川アパート建替え事業のさなかに円滑化法が制定されたが、建物は一刻を争う危険な状態であったことから、この事業は等価交換方式で進めることとなった〕。そうした意味で江戸川アパートの建替え事業は、その後に大きく進展するマンション建替えの先駆けとなる事業であったといえるだろう。

建替え事業の合意形成にはいくつかのハードルがある。例えば高経年マンションでは区分所有者の高齢化も進んでいることが多いが、実際に江戸川アパートにも高齢の区分所有者が多数居住されていた。一般的に高齢区分所有者は建替え後の生活や資金について不安を感じていることが多い。そこで江戸川アパートの建替えに際しては、区分所有者全体に対する説明会にくわえ、建替え決議までに個々の区分所有者を対象とした個別面談を二回行なった〔遠隔地に居住する区分所有者とは電話で対応し、面談をできない一部の区分所有者もいたが、最終的には全体の九五パーセント程度の区分所有者と話をすることができた〕。個別面談では建替え計画の内容をよりていねいに説明し、理解していただくとともに、建替えに際しての個々の悩みや課題についてもヒアリングすることができた。建替えの計画と並行してその悩みや課題を解決したことが、合意形成のうえでも大きなポイントとなったものと考えられる。また、建替え期間中に仮住まいが必要な区分所有者のなかには、年齢を理由に部屋を借りることができない人もいたため、旭化成が家主から部屋を賃借し、その部屋をその区分所有者に転貸するといった対応も行なった〔この場合は、当該住戸を旭化成が区分所有者に転貸することを条件とする旨を旭化成と家主との建物賃貸借契約において約定している〕。

このように、旭化成が江戸川アパート建替え事業の合意形成の過程で試行したことの多くは、その後の建替え事業においても継続し、また、社会全体でマンション建替えが進展する一助になればとの思いから情報発信にも努めてきた。

建替え事業におけるチャレンジ

旭化成が江戸川アパート建替え事業に取り組んだ頃は、区分所有法の建替え決議を利用して実現したマンション建替えは阪神淡路大震災からの復興の事例くらいであり、旭化成を含め多くの事業者はマンション建替えの手続きに関する知識やノウハウは何も持っていない状況だった。そのため、江戸川アパート建替え事業では、旭化成も建替えについていろいろと学びながら並行して二〇〇名を超える区分所有者の合意形成を行なった。

「昨日まで世界になかったものを。」。この言葉は、旭化成グループのキャッチフレーズであるが、マンション建替え事業における旭化成の足跡もこの言葉を実践した結果といえる。江戸川アパート建替え後も、次に挙げるような前例のない難しいプロジェクトにも果敢に挑戦してきた。

- 諏訪町住宅建替え事業：円滑化法の適用第一号となった事例
- 国領住宅建替え事業：都市計画法の「一団地の住宅施設（良好な住居環境のため容積率を低く抑える指定）」を解消して建て替えた日本初の事例
- 天城六本木マンション・ホーマットガーネット建替え事業：総合設計（特例的に容積率な

どの緩和が認められる制度)を適用し隣接マンション二棟の共同建替えを実現した事例

- 池尻団地建替え事業：隣接する公園の移設による敷地の整形や複雑な権利関係を整理し建て替えた事例
- 調布富士見町住宅建替え事業：公道の付け替えを実現した大型団地建替えの事例
- シンテンビル建替え事業：既存不適格(現在の法規制に適合していない)のため建て替えると床面積が小さくなってしまうマンション建替えの事例

以上のプロジェクトを含め、本稿執筆時点で三一件(建替え前のマンションの数では三二件)の建替えを実現している(工事中の物件を含む)。

小規模マンションの建替え

建替え前の戸数が二六〇戸の江戸川アパートや一七六戸の調布富士見町住宅のような大型のマンションや団地だけでなく、小規模マンションの建替えにも積極的に取り組んできたことも、旭化成のマンション建替え事業の特色といえる。小規模マンションの定義は難しいが、仮に建替え前の住戸数が二〇戸未満だったマンションを小規模マンションと考えると、旭化成の三〇件の建替えマンションのなかで、次の表の八件がそれに該当する。

方南ビレッジ	（東京）	15戸	
谷町ビル	（大阪）	18戸	（住宅15戸＋非住宅3区画）
千里山星8住宅	（大阪）	15戸	
宇田川町住宅	（東京）	17戸	（住宅16戸＋非住宅1区画）
ヴィラシミズ	（東京）	18戸	
ロイヤルコーポ浅善	（東京）	7戸	（住宅5戸＋非住宅2区画）
ユーフラッツ	（東京）	10戸	
ホーマットカヤ	（東京）	16戸	

小規模マンションは、区分所有者間の仲が良く、多くの区分所有者が管理運営にもある程度の関心を持っているような場合には、合意形成を比較的容易に進めることができる。その一方、小規模マンションでは一票の重みがきわめて大きくなるので、例えば決議上、大きな影響力のある区分所有者が建替えに反対すると、建替え決議の要件である区分所有者と議決権の各五分の四の決議を得ることがきわめて困難になる。

右の表のなかには建替え決議から半年程度という短期間で既存建物の解体着手に至ったケースが二件あるが、これらは前述のように区分所有者間の仲が良く、マンションの管理運営についても多くの区分所有者がほぼ同じ方向を見ていたマンションである。

また、規模が小さいマンションの建替えでは、事業者が参入して建替え事業を検討する場合に、再建後のマンションで売却できる住戸数が限られることが大きなネックとなる。売却できる住戸数が少ないと、そもそも事業会社が期待する利益の確保が困難となるためである。そのため、小規模マンションの建替え事業では、事業コストを低く抑える体制をもっていることが大きな要素となってくる。

旭化成がこれまで小規模マンションの建替えで成功してきた大きな理由として、このコストを圧縮できる社内体制を挙げることができる。一般的にマンション建替えにおける合意形成等の活動は外部のコンサルタントに委ねているケースが多いが、旭化成ではコンサルティング業務を内製化し、この部分でのコストを圧縮してきた。また、事業推進を担当するグループが社内にいくつもあり、通常は個々のグループでプロジェクト対応をしているが、個別面談等のように多数のスタッフが必要なときにはグループ間で協力する体制をもっていることも大きな強みといえるだろう。

四谷コーポラスにおける取り組み

四谷コーポラスは建替え前の住戸数が二八戸あり、前述の定義では小規模マンションとはいえないが、区分所有者間相互の関係が良好であるうえに、皆がマンションの管理運営に高い関心をもつなど、小規模マンションの良い面の特徴を備えていた。分譲当時の購入者が長く所有し、転売されることなく相続で住み継がれてきたケースも多く、昔からの人のつながりや活発な管理組合活動が維持されてきたことがその主たる理由と思われるが、建替え決議までの合意形成やその後の手続きもとても順調に進めることができた。

また、そのような人のつながりとともに、これまで育んできた暮らしの思い出や四谷という土地への深い愛着などもあり、区分所有者の約九割が再建後のマンションを再取得する予定である。そのため再建後の分譲マンションにはオーダーメイド設計を採用し、個々の区分所有者の想いや要望に応える工夫をしている。

おわりに

これまで建て替えられたマンションの多くは、余剰容積率があり、立地にも恵まれたものであったが、多くのマンションは必ずしも条件的に恵まれているとはいえない。一方で、きわめて優れた構造の建物で、適切な管理をしたとしても、建物は「物」であるためいずれは住むことも貸すこともできない状況が訪れる。仮に建物がそのような状況になったときには、「マンションの終活」の検討が必要となる。

旭化成では、これまで蓄えてきたマンション建替えについての経験や知識をもとに、終活が必要なマンションの支援を一層充実させていく所存である。

四谷コーポラスのレガシーをつなぐ

東泰規（E.A.S.T.建築都市計画事務所）　聞き手＝志岐祐一

志岐祐一　四谷コーポラスでは建替え後の容積増加がさほど見込めないにもかかわらず、約九割の地権者が戻ってくることになりました。これは非常に珍しいことです。一般的には集合住宅の建替え事業に建築家がかかわることは少ないですが、今回、東さんはどのように建築家としてかかわり、計画していったのでしょうか。どのようなプロセスで設計案が地権者に共有されていったのか、お話をうかがいたいと思います。

東泰規　最初に地権者のおひとりからお声がけいただいたときは、じつはお断りしようと考えていました。建替え事業がいかに大変かは知っていましたし、小さくても再開発なので一〇年かかる仕事になるだろうと思いました。独立してまだ三年ほどでしたし、とりあえず話だけは聞いてみるか、という状況でした。一般的な建替え事業では権利者の調整に手間取ってなかなか進まないことが多いですが、四谷コーポラスではすでにデベロッパーとの等価交換を視野に入れているところだったので、そうであればデベロッパーを見つけるところまでならお手伝いしましょうということでスタートしました。

四谷コーポラスの建替えプラン

東　住民の方々の興味は、還元率（建替え後に無償で取得できる床面積の割合）がどうなるかに集約されていました。そのような状況で設計を進めながらさまざまなプランを提案するわけですが、まずはデザイン性よりも容積をいかに確保するかに注力することが一番だと考えました。例えば駐車場が欲しいという方がいらっしゃったのですが、説明して諦めていただきました。道路に対して間口が狭いので、駐車場をつくるとプランニングが難しくなり、容積のロスも大きいからです。もうひとつは、道路と敷地の二メートルの段差を利用して地下をつくることです。地下容積率の緩和という法令があり、それを適用して容積を稼ぎました。外光が入るような地下階にすれば快適な空間になるだろうと考えました。まずはそのように全体のプランを検討して、より多くの容積を確保することに集中しました。

志岐　住民の方々が建替えプランを受け入れるにあたり、容積以外にやりとりは何かありましたか。

東　エントランスの位置について議論がありましたね。道路より少し下りながらアプローチしていく案が、あまり風水的に良くないと言われる方がいて、二メートルほど上がったところにエントランスを設ける案を作成し、できるだけ客観的な評価表を用意して見ていただきました。最初反対されていた方も、最終的には納得してくださいました。駐車場の有無についても、個々の住戸プランニングにどのくらい影響が出るのかについて、希望される方には個別に説明していきました。

志岐　四谷コーポラスにはメゾネットタイプの住戸がありますが、評価されている方はどの程度いらっしゃったのでしょうか。

東　基本的にはみなさんあまり評価していないようでした。階段を昇るのが大変んという声が多かったです。設計を始めるにあたり、最初に、一九五二年に完成したル・コルビュジエのマルセイユの「ユニテ・ダビタシオン」の資料を出して、四谷コーポラスでメゾネットが採用された背景として、世界の先端の建築潮流を取り入れていたのではないかと説明したのですが、メゾネットはいらないという意見がほとんどでしたね。

志岐　ふつう建替え事業の現場では調整がつかないことが多いですが、皆さんが納得されたのは説明のプロセスが良かったからでしょうか。

東　そうだと思います。まずは容積を増やして皆さんの負担をできるだけ軽くしていきましょう。建替え住宅にはそれが一番重要で、そのためにはプランはこうしていかなければなりませんね、という順序で説明していきました。私が入る前に半年かけて個別に面談してくださっていた川上龍雄さんの力も大きいです。

志岐　なるほど。具体的に絵を描いて見せていく東さんと、個別に面談して住民固有の問題を解決していく川上さんのコンビがあったからスムースに進んだのですね。

東泰規氏（右）、志岐祐一氏（左）

集合住宅における コミュニティとプライバシー

東　建築家としては人が集まって住むことの意味に

ついてもう少し議論したかったところではありますが、住民の方々はそうしたことにはあまりご関心がないようでした。建築家側は集まって住むことのストーリーをつくりたい気持ちがありますが、受け手側は比較的クールな方が多いというのを実感しましたね。

志岐　集合住宅の企画提案をするときにわれわれもよくコミュニティの話をしますが、そのような反応はよくあります。一方で自分はどうかと問われると、プライベートは確保したいと感じる。そこには提案する側とユーザー側のギャップがどうしても存在します。

例えば、一九三四（昭和九）年に竣工した同潤会江戸川アパートについて、元居住者で建築家の橋本文隆さんに話を聞くと、「社交室はあったけれどベタベタしたコミュニティではなく一定の距離感があった」とおっしゃっていました。昭和三〇年代の公団の団地は地方から出てきた住民が多くサークル活動が盛んでしたが、他方で公団は玄関の鍵ひとつでプライバシーが保てることを売りにしていたのも事実です。昭和三〇年代はプライバシーとコミュニティの一定の距離感が、都市居住にはあったのではないかと考えています。四谷コーポラスでもそうしたある距離感を保ってきたのだと思います。将来的に、良い距離感を保ったまま、コミュニティ全否定でも全肯定でもないバランスを見つけられるといいですね。

今回、コミュニティ・スペースなどは検討しなかったのですか。

東　いえ、じつはそこが今一番力を入れているところです。皆でお茶を飲めるような自主運営のコミュニティ・スペースをつくりましょうと提案していま

ラウンジの計画案、四谷コーポラスの建具を再利用したスクリーンを製作予定
提供＝旭化成不動産レジデンス

す。今まで住んできた住民の多くが戻る予定なので、そのコミュニティをまずは維持すること。その次に新しい住民のコミュニティをつくっていく仕掛けを用意することが大事だと考えています。

志岐　当時のスマートな距離感が建替え後にも移行できたら素晴らしいですね。

東　これまで分譲マンションのデザイン監修などをやってきましたが、販売戦略としてラウンジをつくっても誰も使わないのです。今回はそうならないような仕掛けをつくろうと思い、きらびやかなラウンジではなく、どちらかというと竣工時のものをリノベーションしたような空間づくりを考えています。街は各時代のレイヤーが重なりあうことで深みが出て豊かになると思うので、今回は新築でありながら、時代が折り重なるようなデザインを模索しているところです。既存の住戸を実測し、空間のパーツを再利用して新しい建物に組み込んだり、エントランスや鉄部の青色を少し現代的にやわらかくして使うなど、いろいろと検討を進めています。

志岐　多くの集合住宅は名前のあるデザイナーが設計したものではない匿名性が高いものでありながら、時代の刻印があるという、捉え方の難しいデザインだと思います。記憶をとどめた部品やエントランス、鉄部の青色の印象についてお話しされましたが、それ以外に継承できるものはありそうですか。

東　やはり一番はメゾネットだと思います。一住戸だけメゾネットを希望する方がいらっしゃったので渡りに船でした。マンション・デベロッパーはそれぞれ自社の規格を持っているので、本来は規格から外れることは難しいのですが、その住戸に関しては規格を外してデザインさせてもらっています。

志岐　そこが建築家が関わることの醍醐味だと思います。古い部品を再利用するのはひとつの手だと思いますが、より建築的なデザインで何ができるかについては非常に期待するところです。

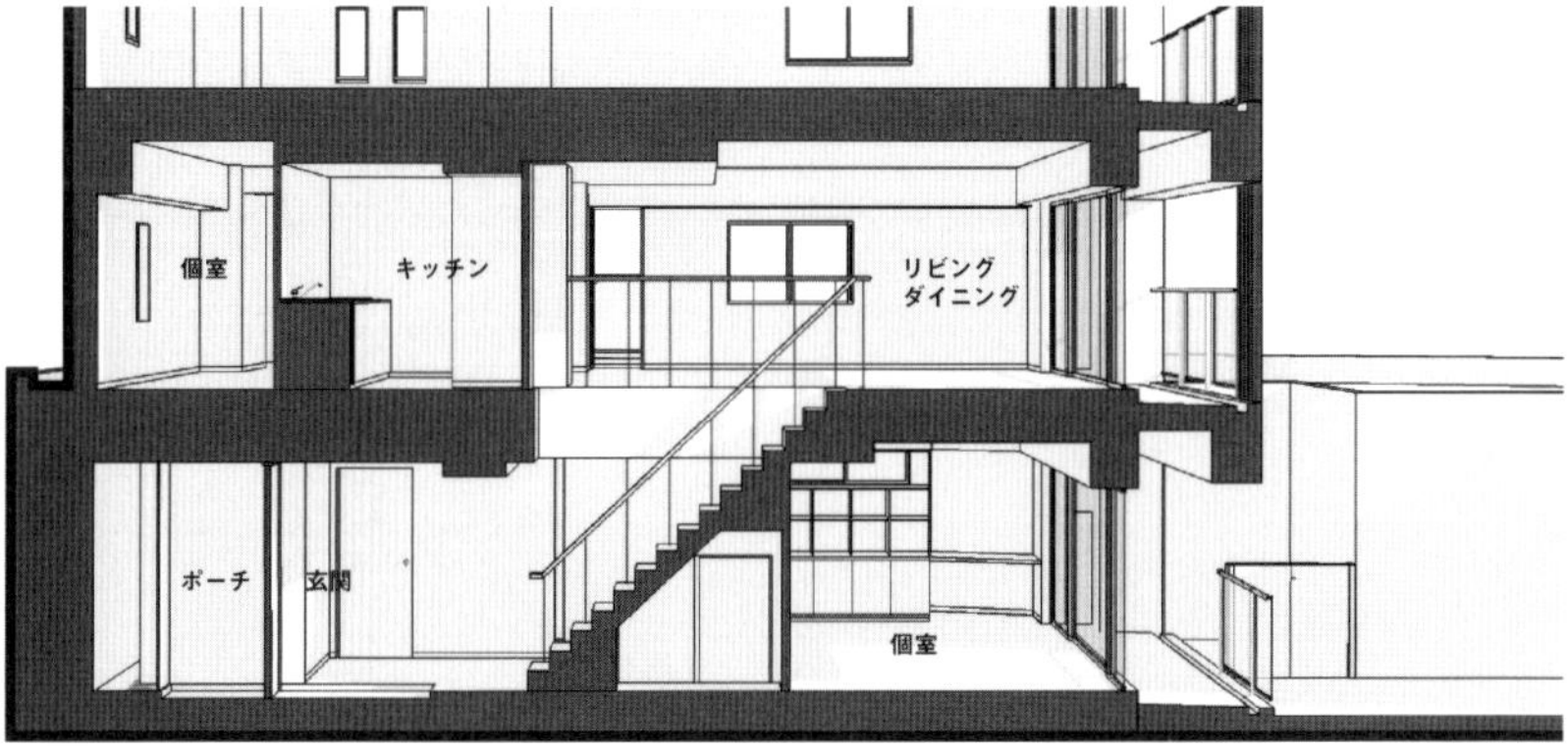

メゾネットタイプ住戸計画案の断面パース
提供＝E.A.S.T.建築都市計画事務所

名作「ビラ・シリーズ」から学ぶ

志岐　学生の頃から都市型の集合住宅が好きで、特に坂倉建築研究所設計の「ビラ・シリーズ」などは雑誌でよく見ていました。あのような豊かな集合住宅が、ある時代を境にまったくつくられなくなりましたね……。

東　ビラ・シリーズのデベロッパーでありオーナーであった石田鑑三さんはたいへんユニークな方でした。私も若い頃に何度かお会いしましたが、新しいものをつくりたいという思いが強く、デザインへの要求が高い方でした。一対一でデザインを決めていく相手がいるところが面白い。すべての責任をオーナーが取るので、オーナーが納得しさえすれば逆にいろいろなことができてしまう。現在の日本のマンション開発では設計者対会社組織という構図になってしまうので、そこが難しいところです。

志岐　ビラ・シリーズの集合住宅の敷地に入ると必ず中庭があります。自分の部屋が中庭から見上げられるようになっています。あのような集合住宅の形式が後に続いていかなかったのには何か理由があるのでしょうか。現代はより良いものを選択できる多様性の時代であるはずなのに、後世につながっていかないのはなぜでしょうか。

東　そうですね、おそらく中央に中庭をつくっているので容積を確保できていないはずです。結局はそれを許容できるオーナーがいるかどうか、ということだと思います。最近は特に経済性を重視せざるをえないところがありますから、かなり条件が整わないとビラ・シリーズのような設計は今後は難しいのではないでしょうか。われわれもいつもそのジレンマに苦しんでいます。

ビラ・モデルナ（1974）の中庭
撮影＝和田隆介

志岐　住環境としては中庭があるといいですが、容積を確保するためにはそこを埋めなければならなくなってしまっている。しかしそれでは設備など部屋のスペックは上がっても、長期的なストックになるかどうかは疑問ですね。

東　その通りですね。ストックを考えるときに重要なのは階高の問題です。日本では日影規制がかかるので、容積を満たすためにはいかに階高を縮めて床を積むかが重要になります。しかしそうすると設備の更新が非常に難しくなってしまいます。ヨーロッパの古い建物は階高が十分に保たれているので、設備更新をうまくやっていけばスケルトン自体は問題なく長く使い続けられる。日本は法的な環境を再整備しないと変わっていかないでしょう。

志岐　これだけ建物が集中している東京ですから、

まともな集合住宅文化が育たないととんでもない都市ができあがってしまいそうですよね。

東　極端な話ですが、私は山手線の内側は日影規制全廃でもいいと思っています。そのくらいやらないと都市部の集合住宅環境はいい方向に進まない気がしています。良好なストックが維持されるような社会をつくっていくためにも、新しいルールづくりが急務だと思います。

志岐　よくわかります。なかなかそういう方向に向かわないのは、多くの人が良い集合住宅に接する機会が少ないからかもしれません。昔の集合住宅も、音が抜けたり、寒かったり、短所はたくさんありますが、今の集合住宅にはない面白さもあります。その面白さをうまくすくい上げて、使えるものをもう一度提示していかないといけない。そのためにも、これを機会に四谷コーポラスの良いところをまとめて、後世に伝えていけたらと思います。

東泰規　ひがし・やすのり
一九五七年生まれ。一九八三年広島大学大学院工学研究科（建築工学専攻）博士課程前期修了後、株式会社坂倉建築研究所入所。二〇〇九年代表取締役所長。二〇一三年株式会社E.A.S.T.建築都市計画事務所設立。

お引越しのとき

高村淳子（旭化成ホームズ広報室）

住み尽くされた四谷コーポラス

二〇一七年八月、いよいよ仮住まいへの引越しが行なわれた。記録的な長雨が続くなかで連日続けられた真夏の引越し作業。およそ六〇年分の荷物の整理は住人の皆様にとって大きな負担となった。それでも現地にうかがうと、物持ちのよいお宅からときおり発掘される昭和の時代の家計簿や書籍、レコードなど、数々のお宝を囲んで、懐かしそうに談笑する声が聞かれた。また、昔からのお付き合いがここでも助け合いにつながり、高齢の方のお宅の荷物運びを手伝う若い方の姿も見られた。

そもそも人生で初めて引越しをするという住人も少なからずおられた。旭化成にはマンション建替え事業の際に、主に高齢区分所有者の引越しなどをサポートする専属チームがある

「資料室」に展示した住戸模型
作成＝植竹悠歩

が、その担当者いわく、五〇年以上も四谷コーポラスに暮らし続け、いまは一人暮らしだったとある高齢の女性のことがもっとも思い出深いとのこと。退去期日までに片付けようと半年前からコツコツ半年前から荷物を整理していただいたおかげで、担当がうかがった際には思い出の品がていねいに仕分けされていた。しかし、皮肉にも四谷コーポラスの一番の特徴でもあるメゾネットの階段に苦労させられ、膨大な荷物の運び出しが無事に終わるのだろうかと不安になりつつ、寄り添い励ましながら進める協働作業が何日にも及んだそうだ。しかし、数年前に亡くなられたご主人のことなど、そこに暮らした思い出話に耳を傾け、無事片付け終えた時にいただいた「ありがとう」の言葉は、事業者冥利に尽きるものだったという。

退去が終わりからっぽになった室内にうかがうと、内装はまさに「住み尽くされた」ボロボロな状態だったが、私たちはその住戸だけに見られる造作棚の数に驚いた。おそらく長年の間に何度も手がくわえられ、家族の暮らしにぴったりフィットした形へと進化したのだろう。なお、この女性は再建後のマンションには戻らず、別の住居へ移り住む選択をされたそうだ。あらためて、すべての住人の思いも含め、次の新しいマンションに活かしたいと皆で感じた。

記者説明会、オープンハウス

居住者の皆様の引越しが済んだ後の四谷コーポラスを見て、私たちは、外壁やサッシ、内装など、多数の老朽箇所にあらためて驚いた。人が住んでいた数日前までは気づかなかったが、簡単に「レトロ」と表現することができない築六一年のリアルな建物がそこにあった。一方で、これまでは生活のなかで目立たないように隠れていた室内収納建具の細かな工夫や木製サッシの独特な格子デザインの趣が浮かび上がっていた。当時の設計者や施工者の、さまざまな挑戦と奮闘、それらをオーダーした多くのご家族の思いがうかがい知れた。

そんな解体直前の四谷コーポラスの姿を多くの方の記憶と記録にとどめていただきたいと、二〇一七年九月四日−一〇日の七日間、「記者説明会」と一般見学者向けの「オープンハウス」を開催した。管理組合の皆様の多大なご協力によって、設計士、管理会社、学生、デベロッパーなど約六〇〇名に見学いただくことができた。一室を「資料室」として、当時の販売パンフレットや住民の皆様から募った写真や思い出の品を展示した。かつて日本信販の関係者だった方のお子様がご縁を感じて見学にいらしたところ、四谷コーポラスの建設以前に、日本の住宅をよりよくするため世界中を巡った視察団の団員名簿が展示されており、偶然にもそこにお父様の名前を発見され、涙されるというシーンもあった。

区分所有者による最後のお別れ会

一般公開の最終日となる九月一〇日には、最後のお別れ会も開催した。区分所有者の方はもちろん、その親族、友人など、四谷コーポラスにゆかりのある方にたくさん参加いただいた。写真を撮ったり隅々まで見学したり、名残惜しくも楽しいひとときとなった。なかには遠方からいらした方もいて、マンションも故郷なのだと改めて感じた。

築六一年を迎えた四谷コーポラスは、残念ながら建物の寿命によって建て替えることになった。しかし、解体前の一般公開や住民のお別れ会などを通じ、最後の晴れ姿をたくさんの方で見届けたことは、私たちデベロッパーにとっても大きな意義があったと思う。なによりあの日、区分所有者の皆様の笑顔あふれる光景を見て、この建物が愛されたまま最後を迎え、幸せにその役割を果たしたのだと確信した。

なお、四谷コーポラスの特徴的なパーツ(キッチン、扉、雨樋など)については、独立行政法人都市再生機構の多大なるご協力により、集合住宅歴史館に収め、後世に残すことができた。

お別れ会での集合写真
提供＝旭化成不動産レジデンス

おわりに

四谷コーポラスに隠された「普通」を再吟味する

大月敏雄

一九五三(昭和二八)年、日本初の公的分譲集合住宅宮益坂ビルディング。一九五六(昭和三一)年、日本初の民間分譲集合住宅四谷コーポラス。こんな具合に日本に分譲マンション(以下、マンション)が誕生して一〇年足らずの一九六二(昭和三七)年、マンションの流通を円滑化するために区分所有法が制定された。

それまでのマンションは民法上の共有物として取り扱われたため、例えば住戸の売買をするときには、同じマンションのほかの住戸の所有者の合意が必要だとか、現在でいうところの専有部分と共用部分を別々に売り払うことが可能、というような不都合があったのである。こうした不都合をなくすために、マンションのように複数の区画を区分して所有することができる建物を区分所有建物とし、その建物内を、所有者が排他的に利用できる各住戸の内部空間である「専有部分」と、その他の「共用部分」とに分け、共用部分の売り買いが専有部分の売り買いに連動する仕組みとしたのである。

「専有部分」とは、たいていコンクリートの壁床天井に囲まれた空間であり、壁床天井を含まない壁紙から内側の領域である。これに対し「共用部分」は、玄関ホール、廊下、階段、エレベーター、諸設備、そして建物の構造部分である、屋根、壁、床、基礎のことである。

しかしよく考えてみると、「専有部分」は壁の内側の、いわば「宙に浮いた空間」だ。区分所有法では、そこに明確な排他的所有権を成立させたのである。これに対して「共用部分」は、基本的には建物本体である。この実体的な物体は持分割合という抽象的な概念によって分割されるので、階段のどの部分が自分の所有物なのかは特定できるわけではない。「物質としての実体のない空間（専有部分）の排他的所有」に従属して「概念的に区分される物体（共用部分）の所有」を設定した理由は、売買の円滑化のためばかりではなく、建物そのものである共用部分の健全な管理のためでもあった。区分所有法は、区分所有関係が成立すると同時に、自動的に管理組合が組織される立場をとる。そして、管理組合は自主的に共用部分の管理を行なう義務を有し、その費用も、専有部分の持分に応じて負担することが期待されている。

区分所有法上に規定された「専有部分」と「共用部分」の概念分けが、マンションの円滑な流通と管理を目的に仕組まれたことがわかるだろう。「専有」と「共用」という巧みな言葉の遣い分けが、マンションの概念的な所有関係を成立させるためにじつによく機能している。通常、「専有」の対語は「共有」であるはずなのに、そこをあえて言葉をずらし、「共用」としているのは、区分所有建物そのものが民法上の共有物ではなく、そして直接的所有の対象でもないのだというメッセージだと解釈できよう。区分所有法制定当時の建設省官僚の苦労が理解できる。

日本における集合住宅の歴史的展開を研究してきた私としては、以前から「専有」と「共用」という、この巧みな言葉遣いの出自がずっと気になっていた。以前、同潤会江戸川アパートを調べていたとき、区分所有法制定時に建設省の担当者が取材に来たという記事が、アパートの管理日誌に記載されていたことを確認したことがある。

本書冒頭でも述べたように、東京都所在の同潤会アパートは、大塚女子アパートを除き、一九五一(昭和二六)年から一九五七(昭和三二)年の月賦で当時の居住者に払い下げられた。しかし、建物の登記の仕方はアパートごとに異なっていた。階段室の真ん中に線を引いて個人財産として分割登記したところもあれば、階段室を共有物として登記したところもあった。こうした共用空間が、その後どのようなかたちで維持管理されたのかを調べに来たのだろう。ただ、江戸川アパートでのヒアリングが区分所有法のどこに役立ったのかを示す痕跡は、当時の調査では見出すことができなかった。

今回、四谷コーポラスについて調べる機会を得て、おそらく同じ建設省職員が四谷コーポラスにも取材に来ていただろうことが確認できた。そして、本書ですでに解明されているように、四谷コーポラスの初期の「管理契約書」のなかに「共用部分」という語を見つけ出すことができたのである。ちなみに「宮益坂ビルディング管理組合規約」には「共有並共用物」という語は出てくるが、「共用部分」というのはない。こうして、必ずしもダイレクトに四谷コーポラスが「共用部分」の生みの親とは言い切れないものの、少なくともその源流のひとつに数えてもよいということまではわかった。現在、普通に使われている「専有部分」と「共用部分」。その普通の裏側に、忘れ去られそうな歴史があったことは、心に留めておいてもよいと思われる。

もうひとつ、集合住宅をめぐる「普通」に関連して、集合住宅には「賃貸集合住宅」と「分譲集合住宅」の二種類がある、ということを挙げてみよう。もちろん、マンションが貸し出されて賃貸住宅となっている例もあろうが、建物登記の段階では、賃貸と分譲しか想定されていないのである。しかし、この「賃貸」と「分譲」の間にもっと多様な所有と利用の関係を仕組んでいくことが、今後の縮小社会日本が直面するであろう空き家問題の解決の糸口になるのかもしれない。古い郊外のマンションでは空き家が次第に増えつつあるが、空き家を長期間放置していると、共用部分の劣化に関わる外部不経済が生じることだってある。空きこうしたときに、空き家の排他的所有権の運用を柔軟に行ない、管理組合などの利害関係者の利用に供し、少しばかりの経済的メリットを追求し、所有者にも近隣にもウィンウィンの関係がつくれないものか、などということを昨今夢想している。

私は、そのヒントの一端が四谷コーポラスの「コーポ」の部分にあるのではないかと思う。すでに本書で解き明かされているように、コーポラスの名前の由来は「コーポラティブ」であった。日本で通常用いられている「コーポラティブハウス」という言葉は、レディメイドの集合住宅の住戸を買うのではなく、自分たちで集合住宅を建設したい人々が建設組合をつくって、自分好みの集合住宅を建設する方式の意味で使われている。

しかし、欧米でのそれは、国それぞれで違った意味をもつ。例えば、アメリカの分譲集合住宅は大きくコンドミニアム（condominium）とコーポラティブ（cooperative）の二種類がある。コンドミニアムは日本の区分所有に近い。一方コーポラティブは、ニューヨークの特にマンハッタンに多い。有名なのはセントラルパークの東隣に一八八四（明治一七）年に竣工したダコタハウス。居住者であったジョン・レノンが自宅の前で凶弾に倒れ、この建物の名前が世界レベルで有名になった。この建物は、有名人の憧れの住まいとして知られる一方で、そこに住む人々の生活の安寧を守るために、例えばビリー・ジョエルなどの超有名人の入居を断ったなどという伝説でも有名である。

なぜかといえば、コーポラティブであるダコタハウスは、建物全体が組合で所有され、居住者はその利用権を、いわばゴルフ会員権のようなかたちで使用できるという体制をとっているからである。住宅を買ったから住めるというわけではなく、組合員になることで居住権が発生するのである。このため、組合員になるための資格審査、つまり面接などが存在するのである。

ある種排他的なこの方式も、一緒に住む人々の、生活運営と管理の一元化という意味では、コンドミニアムとは違ったメリットがある。日本ではコンドミニアム的な区分所有の時代が半世紀以上続いてきたが、ひょっとすると、コーポラティブ的な所有や管理のあり方が、四谷コーポラスが企画された当時と同様に、現代においても模索されたほうがいいのかもしれない。

このように、本書のような記録と記憶を手掛かりに、われわれの住まいをめぐる「普通」を再吟味してみることも、あんがい重要なことのような気がしている。

参考文献

- 森本厚吉「社会経済から見た中流アパートメント・ハウス」（『建築雑誌』第四七一号、論説　通常会講演録、日本建築学会、一九二五年一月号）
- 建設省住宅局建設課「公営アパートの設計について——標準設計の背景と展開」（『建築雑誌』七八二号、日本建築学会、一九五二年一月号）
- 建設省管理局営繕部「国家公務員宿舎の設計について」（『建築雑誌』七八二号、日本建築学会、一九五二年一月号）
- 木村恵一「営繕の合理化と中央官衙計画の推進」（『建設時報』六巻一号、日刊建設工業新聞社出版部、一九五四）
- 『白洋舍五十年史』（白洋舍、一九五五）
- 木村恵一「今年の営繕行政」（『建設時報』七巻一号、刊建設工業新聞社出版部、一九五五）
- 木村恵一「パリーとローマの話　フランス・イタリー通信その一」（『建設月報』八巻一号、建設広報協議会、一九五五）
- 木村恵一「フランス建築物の話　フランス・イタリー通信その二」（『建設月報』八巻二号、建設広報協議会、一九五五）
- 木村恵一「イタリー建築物の話　フランス・イタリー通信その三」（『建設月報』八巻三号、建設広報協議会、一九五五）
- 「アパートと生活　加納公団総裁を囲んで」（『住宅』日本住宅協会、一九五六年一月号）

- 「最近の新聞雑誌にあらわれた住宅論調の批評的ダイジェスト」（『住宅』日本住宅協会、一九五六年二月号）
- 「公務員住宅ノ調査ト設計」（日本住宅公団建築部、調査研究、一九五六年二月二三日）
- 「分譲アパート大はやり」（『毎日新聞』一九五六年三月四日朝刊）
- 「協同生活の新しい住まい方について——住宅の広場から」（『住宅』日本住宅協会、一九五六年一〇月号）
- 市浦健＋吉武泰水ほか「座談会　高層アパートをめぐる諸問題」（『住宅』日本住宅協会、一九五七年四月号）
- 住生活研究会「アパートの生活のために——『これからの街とすまい』展より」（『住宅』日本住宅協会、一九五七年九月号）
- 木村恵一ほか「座談会　建設省設立一〇周年迎えて　戦後の建設行政を回顧する」（『建設月報』一一巻九号、建設広報協議会、一九五八）
- 『日本住宅公団10年史』（日本住宅公団、一九六五）
- 建設省二十年史編集委員会『建設省二十年史』（社団法人建設広報協議会、一九六八）
- 『日本開発株式会社　会社概況』（一九七二）
- 『日本開発株式会社　社内報』（一九七二年二月二八日）
- 『街づくり五十年』（東急不動産、一九七三）
- 「日本開発の倒産にナゾ」（『太陽新報』一九七三年八月一五日）
- 日刊建設通信『大蔵省営繕管財局からのあゆみ——歴史と伝統踏まえ三〇年』（一九七八）
- 建設省関東地方建設局営繕部『営繕事業三〇年史』（社団法人営繕協会、一九八一）
- 「草分けマンション健在」（『週刊住宅』週刊住宅新聞社、一九八二年六月二四日）
- 建設省官庁営繕作品集編集委員会『建設省官庁営繕作品集　設計コンクール三〇年のあゆみ』（社団法人営繕協会、一九八四）

・田中孝『物語・建設省営繕史の群像（上）』（日刊建設通信新社、一九八五）
・神谷宏治＋池沢喬＋延藤安弘＋中林由行『コーポラティブ・ハウジング』（鹿島出版会、一九八八）
・建設大臣官房官庁営繕部『霞ヶ関一〇〇年　中央官衙の形成』（社団法人公共建築協会、一九九五）
・「晴海高層アパートの記録」（住宅・都市整備公団、日本建築学会、一九九六年五月）
・日本家政学会編『日本人の生活――50年の軌跡と21世紀への展望』（建帛社、一九九八）
・鮫島和夫「住宅組合法による住宅供給の実際と教訓」（『都市住宅学』都市住宅学会、一九九八）
・水野僚子「住宅組合について」（『住宅』日本住宅協会、二〇〇一年一一月号）
・三浦展編著、大月敏雄＋志岐祐一＋松本真澄著『奇跡の団地 阿佐ヶ谷住宅』（王国社、二〇一〇）
・志岐祐一＋内田青藏＋安野彰＋渡邉裕子『世界一美しい団地図鑑』（エクスナレッジ、二〇一二）
・川島智生「メゾネット型集合住宅の誕生――戦後日本における住宅史の研究Ⅰ・東京都営アパート」（京都華頂大学現代家政学研究第三号、二〇一四）
・植竹悠歩＋大月敏雄＋志岐祐一＋松本真澄「四谷コーポラスの住戸設計プロセスの研究」（二〇一七年度［第88回］日本建築学会関東支部研究報告集Ⅱ、三〇三–三〇六頁）

編者略歴

志岐祐一　しき・ゆういち

一九六六年生まれ。東京都立大学工学部建築工学科卒業。ベル・コムーネ研究所などを経て現在は日東設計事務所所属。大妻女子大学非常勤講師。歴史的建造物の調査、移築、展示、アーカイブなどを行なう。主な業務に、UR都市機構集合住宅歴史館、江戸東京博物館、江戸東京たてもの園の特別展の展示、高島屋東京店歴史調査など。主な共著書に『奇跡の団地　阿佐ヶ谷住宅』（王国社、二〇一〇）、『世界一美しい団地図鑑』（エクスナレッジ、二〇一二）など。

松本真澄　まつもと・ますみ

一九八九年日本女子大学住居学科卒業。東京都立大学助手を経て、首都大学東京都市環境学部建築学科助教。青山学院女子短期大学非常勤講師、千葉大学非常勤講師。研究テーマは、単身者や女性の居住、多摩ニュータウンの生活環境など。主な共著書に『奇跡の団地　阿佐ヶ谷住宅』（王国社、二〇一〇）、『多摩ニュータウン物語――オールドタウンと呼ばせない』（上野淳、鹿島出版会、二〇一二）など。

大月敏雄　おおつき・としお

一九六七年生まれ。東京大学工学部建築学科卒業。同大学院博士課程単位取得退学。横浜国立大学助手、東京理科大学助教授を経て、東京大学大学院建築学専攻教授。博士（工学）。建築計画、住宅地計画、住宅政策を専門とする。主な著書に『集合住宅の時間』（王国社、二〇〇六）、『奇跡の団地　阿佐ヶ谷住宅』（共著、王国社、二〇一〇）、『近居――少子高齢社会の住まい・地域再生にどう活かすか』（共著、学芸出版社、二〇一四）、『住まいと町とコミュニティ』（王国社、二〇一七）、『町を住みこなす――超高齢社会の居場所づくり』（二〇一七、岩波書店）、『住宅地のマネジメント』（共著、東京大学建築計画研究室、建築資料研究社、二〇一八）など。

謝辞

本書は、旭化成不動産レジデンス、川上龍雄氏、東泰規氏の支援により出版されたものです。

四谷コーポラスの施工者である佐藤工業には、当時の貴重な資料を提供いただきました。
建替えの施工者である佐藤秀、群馬総業には、解体時の調査に際して寛大なご配慮をいただきました。
山守祥子氏、野村美加子氏、前川建築設計事務所の橋本功所長には、
四谷コーポラスの撮影に際してご協力をいただきました。
また、解体前に実施した実測調査では、栢木まどか氏、濱定史氏、植竹悠歩氏、ハン・リエ氏、
水上俊太氏、内海皓平氏、島田桃香氏、松田沙也氏、篠原武史氏、
菅野達夫氏、ロウ・イツ氏よりご協力をいただきました。
記して御礼申し上げます。

四谷《よつや》コーポラス

日本初の民間分譲マンション

1956－2017

2018年7月10日　第1刷発行

発行者　四谷コーポラス建替え推進委員会

販売所　株式会社 鹿島出版会

〒104-0028　東京都中央区八重洲2-5-14

電話　03-6202-5200

振替　00160-2-180883

編者　志岐祐一、松本真澄、大月敏雄

協力　旭化成不動産レジデンス

写真　秋岡海平

編集・制作　飯尾次郎（スペルプラーツ）、和田隆介

デザイン　水野哲也（Watermark）

ISBN978-4-306-08563-3 C3052